精品课程配套教材
21世纪应用型人才培养规划教材
“双创”型人才培养优秀教材

WANGDIAN
YUNYING SHIWU



# 网店运营实务

主　编　常玉苗　王　静　夏正晶
副主编　顾桂兰　张　雪　张化南

山东大学出版社
·济南·

**图书在版编目（CIP）数据**

网店运营实务/常玉苗，王静，夏正晶主编.
—济南：山东大学出版社，2021.5
ISBN 978-7-5607-6991-2

Ⅰ.①网… Ⅱ.①常… ②王… ③夏… Ⅲ.①网店－运营管理 Ⅳ.①F713.365.2

中国版本图书馆 CIP 数据核字（2021）第 077817 号

责任编辑　陈佳意
封面设计　尤　岛

出版发行　山东大学出版社
社　　址　山东省济南市山大南路 20 号
邮　　编　250100
电　　话　市场部（0531）88363008
经　　销　新华书店
印　　刷　北京俊林印刷有限公司
规　　格　787 毫米×1092 毫米　1/16
　　　　　12 印张　　300 千字
版　　次　2021 年 5 月第 1 版
印　　次　2021 年 5 月第 1 次印刷
定　　价　39.50 元

# 精品课程配套教材 “双创”型人才培养优秀教材 编写委员会

# 前　言

网络购物快速发展促使电子商务模式创新层出不穷，而网店运营实务是电子商务的基础内容，本书编写的目的是探究网店运营的基本理论与方法，归纳总结开设网店的具体流程和经验，以求贴近实践，指导实践。

本书的主要内容包括：

第 1 章——网店运营规划。本章主要介绍开设网店前的准备工作，如了解行业态势和竞争对手情况、熟悉目标客户的需求状况等；然后介绍选品原则和方法、常见的货源渠道，以及当前主流的网店平台；最后关注网店品牌的打造。

第 2 章——图片拍摄与美化。本章首先介绍布景、取景、构图等拍摄的通用技术；然后介绍图片拍摄策略与技巧，包括不同材质商品拍摄技巧、商品摆放与细节等拍摄技巧；最后介绍两个常用的图片处理工具，Photoshop 和光影魔术手。

第 3 章——商品文案策划与撰写。本章首先介绍商品文案的要素以及写作思路，接着对商品文案的点眼之笔——商品标题撰写进行详细介绍，然后对商品文案的重要内容——商品详情页的构思与设计进行讲解。

第 4 章——商品定价规划与策略。本章首先介绍商品定价规划以及商品定价的影响因素和定价方法；然后介绍商品定价策略，包括新产品定价策略和心理定价策略等。

第 5 章——视觉营销与网店装修。本章首先介绍视觉营销的基础内容，如色彩搭配技巧等；接着介绍网店视觉形象设计，主要包括店铺标志的设计和店招的设计；最后介绍网店装修策划与设计，包括网店首页、导航栏和海报等。

第 6 章——网店营销与推广。本章首先以淘宝网为例，介绍平台免费推广方法，包括论坛发帖、增加店铺收藏和一些平台宣传推广工具；然后介绍付费推广方法，主要包括直通车、钻石展位和超级推荐三大块；最后介绍社交互动营销与推广。

第 7 章——商品包装与物流配送。本章主要介绍商品包装和物流配送两部分内容。商品包装主要涉及包装要求、包装材料、包装技巧等，物流配送重点讲解配送中的注意事项、常见问题及解决办法。

第 8 章——网店评价管理与客户服务。本章首先介绍网店评价体系，包括店铺评分、信用评价和好评率的计算方法等；然后讲解维护店铺好评的基本做法、如何妥善处理差评以及提高店铺动态评分的技巧；最后介绍如何做好网店客户服务，包括客服人员的基本知识和素质、工作内容和沟通技巧等。

本书的价值：（1）立足于网店运营的实际业务流程，以真实的网店运营为载体，遵循网上开店的基本业务内容和思维模式；（2）选择网店运营的关键业务环节，总结实战经验；（3）提供必备的基础理论和充足的示例。

本书编写过程中，编者浏览了大量网站，参考借鉴了众多优秀电商企业、人士的成功经验，并引用了相关网店的运营资料，在此表示衷心的感谢（如书中所引资料侵犯到您的权益，请及时通知我们）。由于编者水平有限，书中难免存在不当和疏漏之处，敬请广大读者批评指正。

编　者

2021 年 5 月

# 目　录

# 第 1 章

# 网店运营规划

## 1.1 网店运营的准备

由于网店具有开店成本及运营费用低、店铺风格多变、销售方式多样、没有时间和空间限制等优势，故其成为众多年轻人创业的首选；而如果开店前没有清晰的运营思路，只会让店铺越做越差。因此，网店运营前必须做好充分的准备。

### 1.1.1 行业态势及竞争对手分析

#### 1. 深入分析行业市场

市场分析主要是在正式进入市场前，获取更多的行业数据作为判断决策的依据。尤其是对行业本身的规律及产品都不太熟悉的时候，掌握一些有效的分析方法能更准确地判断各行业的优劣势，更快定位蓝海行业以及确定运营节奏。分析自己经营产品的类目，即自己所处行业的产品，可以从以下几个方面入手：

(1) 行业发展趋势

行业发展趋势从战略层面决定着网店未来的发展前景，必须进行整体把握。行业发展趋势分三种类型，即上涨型、平稳型和下滑型。在不考虑货源情况下，一般优先选择上涨型行业，其次是平稳型。下滑型行业需要再参考行业的实际月销量，比如女装的连衣裙，虽然整体的趋势是下滑，但由于这个市场空间巨大，所以就不能仅仅因为趋势将其排除。

（2）行业成交周期

了解行业的成交周期便于对整个店铺的产品及时间节点做更有效的计划。通常行业成交周期分为周期型和非周期型两类。周期型行业的市场需求随季节变化，非周期型行业的市场需求及产品比较稳定。对于周期型行业来说，一般在行业趋势到来前就要做好产品的提前布局，比如羽绒服，从成交趋势看进入市场的最佳时间是每年的 9 月份，这个时间点就要做好选款、测款、定款、优化、基础销量、推广等一系列动作，才能保证 10 月份旺季有好的销量。

（3）市场容量占比

市场容量，也称市场规模，主要是研究行业的整体规模。简单讲，就是在一定时间内，一个或一类产品在某区域范围内的市场销售额。通过把握整个市场年度及各月份成交量的比例关系，可以排除一些市场容量较小的行业。主要参考两个维度：销售量占比和成交量。比如对选定的行业最近几年数据进行分析，通常获取前四名的行业数据，再进行销售占比的数据分析，最终得到结果，看哪个行业趋势更好。

（4）产品深度

产品深度指产品线中每一产品有多少品种，主要是对进货、发货及库存等方面的考虑。由于中小店铺资源及自身能力有限，不建议做产品深度指标（即 SKU）非常多的产品，这样的产品考验对供应链及仓库的管理能力，容易造成售后问题，对小店铺来说难度较大。

通过对发展趋势、成交周期、容量占比、产品深度等四个方面数据的分析，就比较容易对行业形成一个全面直观的认识，然后结合自身的资源条件选择适合的行业，再进行下一步的竞争度分析。

### 2. 确定与分析竞争对手

（1）确定竞争对手

不同的类目，竞争是不同的，因此，竞争对手要在相同的经营类目里寻找，找到优秀的或者相对较好的同行作为竞争对手进行数据分析。

①通过搜索词确定

在平台上搜索与店铺商品最符合的搜索词，然后按照店铺客单价明确竞争对手，还可以根据店铺的商品属性进一步精确竞争对手。

②通过销量确定

根据自己店铺商品的平均销量确定几家客单价和销量相近的店铺作为竞争分析的对象。这时可以以销量为准在平台搜索相关店铺，然后找到店铺商品的排位，确定商品前后最接近的店铺作为竞争对手进行分析。

③通过推广活动确定

现在平台附带的软件功能通常比较强大，可以对竞争对手的产品进行全面分析。如通过月推广支出推算出竞争对手的销售额，并对自己店铺热销单品的月推广件数与竞争对手进行对比，作出相应调整。

④通过关键词确定

竞争对手关键词分析是通过对竞争对手的 PC、PC 直通车、无线、无线直通车的关键词展现的分析。例如，分析雪纺拼接连衣裙，通过全网搜索热度、热度搜索变化、全网点击率、全网商品数等，挖掘竞争对手关键词中是否有流量上升的热点词，有针对性地进行调整。

（2）分析竞争对手

竞争对手分析的目的是通过了解竞争对手的信息，获知其发展策略以及行动，以作出适当的应对。如何锁定自己的竞争对手，并快速地进行分析，然后制定相关的对战策略，在店铺运营中尤为重要。

①产品销量分析

首先要关注的是竞争对手的销量。这是进入一个市场前的重要任务。可以借助竞争对手的销售及相关数据，帮助自身作出有利的决策，最重要的是，从对手那里获得的信息可以弥补自身的不足，更好地把握市场需求。

②产品价格分析

决定产品销量的直接因素是价格，价格直接影响消费者购买行为。应实时关注竞争对手的定价策略、推广策略，避免陷入价格战。关注对方价格策略的设置，比如是从高向低调整，还是先低价，等销量提升后，再向高价调整。如果价格波动式上涨、状态平稳，或者下降缓慢，可以判断产品处于红利期，利润较高。如果产品价格疯狂下降，生命周期已经基本停止，只有通过牺牲产品质量、降低成本换取利润空间，那么该产品将进入价格战状态。

③产品文案分析

分析竞品文案质量好坏、图片是否吸引人、详情页描述等方面，可以判断竞争对手运营能力的强弱。如果产品图片像素不高、数量少，修饰苍白，卖点、功能、尺寸、材料等描述匮乏，销量也不怎么样，从这些可以看出对手的文案功底比较薄弱，运营水平不高。

④产品评论分析

竞争对手的评论是了解店铺目标顾客群需求点很好的途径，是非常值得研究的方面。要看产品所在类目下，竞争对手的产品都有多少评价。产品评论是影响转化的重要因素，也是产品能否获得更好排名的影响因素。当看到竞争对手的产品评价都在数百条以上，要考虑自身是否有能力销售该产品，因为该产品的竞争真的很大。

## 1.1.2 目标客户分析

分析目标顾客是为了掌握目标顾客的需求变化，只有了解其消费习惯和偏好，才能更贴近实际需求，保证店铺能够及时提供更有价值的产品和服务，保持目标顾客对店铺的忠诚或拓展新的客户。因此，要思考三个问题：确定目标客户、获取客户需求以及定位客户特征。

### 1. 确定目标客户

一般来讲，客户具有两大属性和两大行为。

（1）两大属性

①自然属性：包含客户所在的区域、年龄阶段、性别、教育背景和收入状况等。

②价值属性：社会地位、家庭中扮演的角色、个人的接受能力、他的意见在家

庭中产生的影响力以及个人的价值观等。

（2）两大行为

①购买行为：包括购买的因素，如为什么要购买、他的痛点是什么、他需要解决什么样的问题；购买的渠道，通过专卖店或者是老客户推荐等；支付能力，也就是购买产品的一个档次；品牌影响、功能偏好；等等。

②使用行为：包括使用场景、使用习惯、使用过程及其他需求。比如高档别墅区、顶级豪车，其目标客户通常是年龄在 45 岁以上、社会地位较高、注重生活品质、享有私人定制、更希望节约自己时间等的消费者。

### 2. 获取客户需求

了解客户的需求对于网店取得成功是至关重要的。要想吸引、留住和转化客户，必须了解他们的需求，因此，为获取客户需求，可以尝试以下方法：

（1）抽样测试法

从目标顾客群体中，抽选一部分作为样本；通过问卷、访谈、座谈、讨论、观察、写实等形式和手段了解顾客的需求特征，如购买动机、功能偏好、情感特征、审美倾向以及行为习惯等，根据样本数据总结、归纳出一些具有普遍性和规律性的顾客需求特征。

（2）分析演绎法

从某些“前提”或“假设”出发，符合逻辑地推演出有关结论。“前提”主要有三类：第一类是关于顾客需求影响因素的“前提”，第二类是关于顾客普遍性的行为定律的“前提”，第三类是关于顾客具有鲜明时代特色的总体需求特征的判断。用逻辑的方法把握顾客需求，优点是可靠性和确定性强；不足之处在于不易挖掘顾客隐性、深层次的需求特点。

（3）大数据法

运用大数据技术处理非结构化的动态数据，常常能显示不同事物、不同现象之间不明就里的相关关系。大数据方法应用到顾客需求分析，基本上有三种类型和途径：一是从企业外部的互联网信息中，发现目标顾客群的行为特征和需求特征；二是从企业所掌握的信息中，细致、精准地分析顾客的行为以及背后的心理因素；三是从企业内部和外部信息中，发现现象之间的相关性。

（4）实验法

目前研究顾客需求最精细、最复杂、最科学的方法是实验法，即在特定的实验条件下，观察和了解顾客代表的行为及需求特征。实验法的特点是可重复性和可控制性。通过实验过程的重复，才能使实验结果真正具有确定性和可信性；而实验条件可控制，能清晰地辨认影响顾客需求的因素、原因与需求特点间的关系。

### 3. 定位客户特征

定位客户特征可以快速界定利润战场，锁定最优质的客户。客户特征包括以下几个方面：

（1）购买能力

客户的购买能力一般通过客户收入、平均消费水平以及是否购买过大额相关产品来界定，也体现在客户拥有的有价值产品上。比如拥有奢侈品、高档轿车等，说明该客户具有较强的购买能力。

（2）消费历史

客户的消费历史及经历代表客户对产品的认知、潜在需求，以及购买产品的可能性。需要通过分析客户的消费历史了解以下内容：客户是否购买过与你产品同类的产品、相关联的产品、互补的产品，以及是否购买过竞争对手的产品。

（3）消费频率

消费频率越高，代表客户价值越大。因为经常购买这个产品的人，对这种产品已经有深入的了解，因此，你所要做的就是把产品价值展现给他。同时，消费频率高代表客户偏好这类产品，这类客户的生意也更容易达成。了解客户的消费频率可以从相关的消费历史着手，获取这些消费历史最好的方法是开展有奖调研。当然，也要多关注行业内的信息与数据。

# 1.2　选品及货源渠道

“七分靠选品，三分靠运营。”选品是网店业务的核心，好产品很容易成为爆款。在选择前一定要对商品有足够程度的了解，如销量和质量等。调查了解后再选择商品，不管是价格，还是质量，都要亲自把关。如果遇到供应商提供次品，对网店的经营有重大的影响，甚至会使网店运营不下去。

## 1.2.1　选品的原则与方法

### 1. 选品原则

（1）利润率高

一款产品如果不赚钱，纯粹是浪费资源。现在很多网店卖走量产品，一单有可能就赚几元几角，全靠薄利多销支撑运营。这种方式很不划算，现在人力物力运营成本高，加大工作量，产生投诉或者退货等操作流程都会提升运营成本。所以选品时要确保除掉成本、物流费、广告费和其他费用，每单还留有可观的利润空间。如果利润达到30%就可以考虑，利润回报高，才会加大或者大胆投放广告。

（2）复购率高

使用周期越短的产品，复购率会越高，优势在于老客户一旦被绑定，能够在固定时间内稳定下来，他们会经常浏览网店，经常买一些商品，增加店铺的流量与成交量。快速消耗品就是复购率高的产品，虽然利润较低，但销售量巨大，所以产品的累积利润可以很高。快消品包括包装食品、个人卫生用品、烟草、酒类和饮料，做这类产品的好处是市场需求高，销售量大。

（3）虚拟产品

虚拟产品具有无形、无法观察和触摸等特点，不像实物产品在运输过程中会出现破损、丢失等。如果是知识，资料名气越大，价值也越高，并且内容可以改变，可以编辑、分段出售，具有可复制性，且复制的边际成本几乎为零。因此，虚拟产品的好处是数据传输，不需要进货、发货。

（4）售后服务简单

电子类产品需要的售后服务较多，例如智能手机屏幕等，若出现质量问题，售后服务会非常麻烦。如果产品质量不稳定，每天不停地处理退换货，解决客户的投诉和差评等情况，店铺的运营会受很大影响。

### 2. 选品方法

选品非常考验专业水平，比如对数据的分析能力，能从大数据中分析市场上消费者关心什么，从关键词中分析隐藏的商机；对各种选品工具的整合能力，例如关键词工具和选品工具的结合使用；理性和感性的平衡能力，需要理性做数据分析，同时也要利用感性迎合客户做情感营销。

（1）数据分析选品法

市面上选品的工具很多，可以借助选品工具，寻找销量高的产品进行分析。比如淘宝官方的生意参谋，首先建立 Excel 表，复制关键词数据，剔除假词和没用的词，进行排序，综合对比，找竞争优势比较大的产品；然后进行市场调查，在淘宝上搜，看看关键词下对应的同行在什么价格区间、月销量如何、有多少个 SKU、主打卖点等，增加对市场的了解，心里要清楚知道自己可以做多少销量、利润有多少、采购价应该在什么区间。当然，注重数据的同时也不能把数据当一切，有些东西数据表现不出来。

（2）跟款选品法

网店运营的初始阶段，跟爆款不失为一种好方法。可以跟爆款，仿大店、仿网红店、仿平台潜力新品都可以尝试，在模仿中发现竞争商品前期是通过哪些渠道养商品，就可以模仿这家的操作流程来养一个新品。当然，不要完全模仿对手，要学会变通，学会分析竞争对手运营的节点，活动节点或者数据提升节点等，再结合自己店铺的情况来操作，不断学习复制，继而超越。

（3）网站选品法

养成定时逛各类网站和电子版报刊的好习惯，有时间就去看有没有新产品，或者有特色的产品，久而久之，就能发现新商机。可参考淘宝网、1688 批发网、派代网、亿邦动力网、雷锋网、OKA 时尚网、瑞丽 Rayli 网、时尚芭莎 BAZAAR、VOGUE 时尚网、ELLE 等等。

（4）社交平台选品法

通过各个社交平台了解最新趋势，如当季流行款、流行网络词汇等，这些都反映着最近一段时间内大家对于某一事物的喜欢，这也是生活中无处不在的商机。

短视频平台选品：时下火爆的抖音、快手、微视等视频平台值得关注。许多热点出现，很有可能带动一波购物热潮，这时就需要敏锐地捕捉相关信息，比如有段时间小猪佩奇在抖音火了，淘宝搜索量暴增。

微博选品法：关注一些平台的官方微博，还有其他新奇种类的微博。很多博主会发一些最近很火、有特色的产品，比如 3D 风筝、软体风筝等。对于新鲜的、有特色的产品，很多人在网上看过后会习惯去搜索同款。

## 1.2.2　常见的货源渠道

### 1. 线下货源渠道

（1）批发市场及批发商货源

集聚店铺最多的是批发市场，可以去附近的批发市场考察。在批发市场进货，需要洽谈价格，因此，具有讨价还价技能很重要，还要注意与批发商建立良好的合作关系。

批发市场的优点：商品品种繁多，可选择性很大；商品品种齐全，可一网打尽；新商品层出不穷，有时会有意外惊喜；会碰到新奇特的小商品，增加网店经营的特色；有很多经营相同或类似商品的店铺，可随时货比三家；价格低廉，有较大的利润空间；批发市场内都有大量的物流公司，货物运输非常方便。

批发市场的缺点：有地域上的限制；商品品质良莠不齐，不懂行情的朋友很容易吃亏；由于每天不断涌入新商品，因此商品的生命周期都很短；由于商品更新换代太快，经常发生断货的情况；抄袭现象非常严重。

（2）厂家进货及品牌代理货源

①厂家进货

可以到当地园区的一些厂家去咨询，正常情况下，厂家能够给出非常低的价格并且保证质量。

厂家进货的优点：价格相对比较便宜，品质比较有保障，货源充足，可进行零售也可转手批发，可退货或换货。

厂家进货的缺点：要求数量比较大，有压货风险，有些工厂只对公司不对个人批发，有些工厂是代理加工厂，不容易洽谈成功。

②品牌代理

一些线下实体店铺的品牌代理也是许多网店的进货来源，在选择这类品牌的时候，要尽量选择有名气的、质量较好的品牌。

品牌代理的优点：可以较低的折扣拿到品牌商品，再以统一零售价销售，利润空间大；品牌本身具有一定知名度，市场广阔；商品质量与售后有保障。

品牌代理缺点：销售商品比较单一；代理成本会比较高。

（3）当地及周边特产

可以选择当地或者周边的一些特产进行销售，当地盛产的商品价格便宜，并且价格容易沟通。比如沿海地区的海鲜、农业生产区的农产品。

销售特产的优点：距货源近，食用类特产商品新鲜，非食用类特产商品保存完整度高；属于当地特色，对外销售具有新奇性；是特定地域的某种象征，具有一定的文化内涵。

特产销售的缺点：地域局限性较高；外地区销售的知名度较低；易受文化差异影响。

（4）挖掘自身或身边货源

如果身边有朋友、亲戚经营店铺或者开工厂，可以直接从那里进货。

特殊货源的优点：信誉度高，朋友间知根知底，交流起来无障碍；信息流通度高；商品质量有保障。

特殊货源的缺点：产品种类受限；涉及的行业有限；朋友中拥有这种渠道较难得。

### 2. 线上货源渠道

B2B 电子商务平台进货渠道是通过与供应商和顾客建立统一的电子商务系统，降低采购成本和库存成本，节省周转时间，扩大市场机会。

（1）阿里巴巴

阿里巴巴是规模比较大的线上批发市场，有众多的货源，可供挑选的款式众多，是比较强大的货源渠道。

特点：进货方便，不受地域和时间限制；付款方式有保障。但要受一定条件限制，比如要求有起订量、到货时效，商品有不可把握性。可以通过以下方式解决：跟其他人联合，达到最小起订量；提前沟通，选择距收货地址近的供应商和好的货运方式；订货前尽量问清楚所有细节，最好整理出列表等。

（2）天猫供销

天猫供销平台的商品可以简便转移入自己店铺，能够省去商品拍摄、包装、发货等环节，把更多的时间与精力用于店铺经营。天猫供销分两大部分：一种是代销，商品价格和供货商协商，大多数供货商给出的价格都低于市场价格；另一种是批发，物流节省大量的运费，对于各地不同需求，可以实现商品在全国乃至世界共享。

优点：减少商品买卖交易中的各种运费及保险成本；有效快速地获得相关的商品信息；可以快速掌握行业信息，抢先占据市场份额。

缺点：广告投入推广费用高；店铺页面美工形式单一；物流迟缓。

（3）网上代销

网上代销平台有很多，不需要太多的资金投入，但要受代理商的较多限制，而且无法见到产品实物，有时无法保证产品质量。

优点：所需资金少，可以短时间内铺大量的货，没有库存压力和资金压力；由厂家提供商品图片数据包，不用给商品拍照片和存储图片；厂家一般会提供建议零售价格，这些价格会根据目前市场情况制定，为新手提供方便；不用打包和发货，省出更多的时间做宣传与推广。

缺点：看不到实物，对商品描述没有底气；商品质量不好控制；店铺发展受到限制等。

## 1.2.3 特色货源分析

### 1. 挖掘自身商业价值型

网上商品种类数不胜数，同款商品的店铺同样数不胜数，与其打同质商品价格战，或者为同款商品分得一丝流量，不如挖掘商品的特色商业价值，尤其是将自身的独特优势充分发挥出来，做出独特的商品进行销售，吸引一群忠实的客户，这也是网店成功的基础。如下图 1-1 所示网店专门做签名设计，做到了皇冠等级，店铺的信用等级和服务都很好。

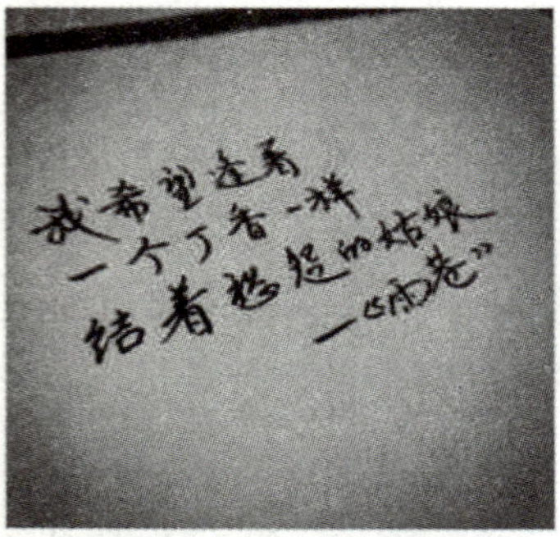

手写祝福 手写拍照 代写签名档 写字拍照朋友圈图片 在线发送

原创手写文字企业标语图片在线发送logo纯手写朋友圈晒图短语签名

专业签名设计商务明星英文艺术个性名字设计签名纯手写定制字帖

图 1-1 挖掘自身商业价值型网店典型案例

这类店铺的优势是产品具有一定独特性，质量可控，投入资金少。缺点是人力成本高，生产数量少。解决办法：提高技术的熟练程度或者寻求合作等。

### 2. 技术专长型

如果在某领域有很高的造诣，可以在网上用自己的才能赚钱，比如说远程安装系统、个性化设计等，这就是技术专长型货源。这类店铺对技术知识能力的要求很高，因此，创业型工作室或刚开始创业的团队，如果有此类团队合作，则成功的概率往往会更高。如下图 1-2，这是专门利用自身电脑技术优势的网店，专门提供系统安装和数据恢复等信息技术服务。

图 1-2　技术专长型网店典型案例 1

图 1-3 是专门做各式各样风格电子头像的店铺，其充分利用技术专长和优势而进行商业价值的挖掘。

图 1-3　技术专长型网店典型案例 2

### 3. 兴趣爱好型

随着文化多元化和物质条件越来越好，现在一些年轻人喜欢跑酷、街舞等运动，也有摄影、动漫等兴趣爱好。有了新的兴趣爱好就产生新需求，可以根据顾客的兴趣爱好进行分类后确定目标顾客群体，然后根据目标顾客确定所要经营的商品。比如喜欢街舞的人在服装上面就会有特定的需求，可以根据顾客的兴趣爱好进行顾客细分，然后确定一类顾客作为目标顾客。如果店主恰好也是该兴趣的爱好者，可以把自己的兴趣爱好充分发挥出来做出网店的商业价值。如下图 1-4 所示某服饰网店，与一般服饰店不同的是该店铺专门经营爵士舞服务以及街舞服装等，拥有爵士舞和街舞爱好者等小众客户群。

鬼步舞衣服新款套装女韩版宽松爵士舞服装网红时尚广场舞运动服装

鬼步舞套装女街舞裤子时尚潮牌长袖卫衣爵士舞服装嘻哈鬼步舞衣服

爵士舞蹈服装女套装宽松韩版帅气嘻哈街舞衣服网红时尚广场鬼步舞

图 1-4　兴趣爱好型网店典型案例

### 4. 商品增值型

每个商品都有其价值，有些商品经过一段时间后，会失去原来的价值，而另有一些商品却可以升值。增值型的商品一般都会有一些独特的吸引人之处，或者有明星代言。寻找这类商品的独特价值，要时刻关注各类新媒体账号、微博明星以及短视频博主，这些人有社会影响力，往往会引导一种新的购买潮。如下图 1-5，这是一家经营亲子服饰的店铺，将简单 T 恤做成亲子装，每件商品价格要比普通 T 恤高，而且客户每次下单会同时购买 3~4 件，提高了店铺的客单价。

图 1-5　商品增值型网店典型案例

### 5. 传统工艺型

传统工艺型的货源可以从民族特色工艺品入手，民族工艺品有很高的艺术价值，可以让它从众多产品中脱颖而出。例如故宫淘宝店的商品都是经过重新设计构思的创意产品，使得浓厚的民族风系列产品栩栩如生地呈现在消费者面前。所以要充分挖掘身边传统的工艺品和制作工艺，既可以传承民族工艺，同时还可以得到更好的设计制作指导。如下图 1-6 所示，这是一家儿童手工布鞋的网店，专门经营原创手工娃娃布鞋，已经做到三个皇冠，并且好评率也非常高。

图 1-6　传统工艺型网店典型案例

## 1.3　网店平台的选择

电子商务服务平台主要有综合型和垂直型两种主要发展模式。综合电商平台模式形成较早，用户基础好，影响力和使用覆盖率也广泛，用户一般分散在各个阶段的年龄层，国内的综合性电商平台主要有淘宝、天猫、京东、苏宁、拼多多、唯品会等。重点强调“专和钻”的垂直电商模式出现相对较晚，是专注于某一种产品或者某一行业的电商平台，与综合电商相比，其具有更精准的市场定位、更深化的产品与服务质量、更强的客户黏性和更独特的品牌附加度等优势，比如途虎养车网（汽车后市场）、淘油网（润滑油行业）、麦乐购（进口母婴）以及一些化妆品行业电商。在进行平台选择的时候，要知道这些平台各自的优势特点，然后再结合的店铺定位选择平台。下面介绍时下热门综合性电商平台。

## 1.3.1 淘宝平台

淘宝网创立于2003年，是我国最早的典型C2C电商模式之一。在淘宝网上开店，个人店铺只需要具备个人账号、支付宝完成绑定认证、完成淘宝开店认证。如果注册企业或者品牌店铺，则还需要以下条件：

### 1. 入驻资质

（1）品牌/厂商需提供

企业资质：申请企业须持有大陆企业营业执照、税务登记证。

品牌资质：申请企业须持有中国商标权证书（商标受理通知书）。

服务资质：申请企业须遵守“淘宝商城”7天无理由退换货、提供正规销售发票、积分活动等服务标准。

（2）代理商需提供

企业资质：申请企业须持有企业营业执照、税务登记证。

品牌资质：正规品牌授权书。

服务资质：申请企业须遵守“淘宝商城”7天无理由退换货、提供正规销售发票、积分活动等服务标准。

### 2. 消费人群

淘宝数据显示：从年龄分布看，“80后”“90后”对于网购的兴致最高，主要因为“80后”“90后”中绝大部分是年轻人，正处于工作上升期或刚参加工作，而且平时上班面对电脑时间长，逛街时间少。如果是一些在当地买不到或者网络上流行的商品，很多人会选择网上购买，且网购人数以女性居多。从学历上看，具有高中及以上文化水平的中高学历者占绝对优势。

## 1.3.2　京东平台

京东是典型 B2C 电商模式之一，以自营式电商，经营品类主要是电子产品如计算机等起家，逐渐由京东商城开始向平台化发展。

### 1. 招商对象

品牌：重点招募品牌商，部分类目不限定品牌招商。

企业：合法登记的企业用户，并且能够提供京东入驻要求的所有相关文件，不接受个体工商户。

资质要求详见《京东开放平台招商基础资质标准》及各类目资质标准。

### 2. 消费顾客群

京东主力消费群体主要为城市白领、公司职员，他们是品质消费、高频消费的主要顾客群。在用户消费行为偏好调研中，价值主导型用户占比最高，此类用户在选择商品时对价格不敏感，更多考虑商品的使用价值；其次是精打细算型用户，此类用户倾向于选择高性价比的商品。词频搜索中多数为手机和电脑等数码 3C 产品，可见京东是用户购买数码产品的重要平台。

此外，从消费者心理角度看，理性消费者占比较高；同时从促销敏感度看，消费者对于促销产品有较高关注度。

## 1.3.3　天猫平台

### 1. 入驻条件

天猫可根据实际情况，包括但不限于品牌需求、公司经营状况、服务水平等因素，决定是否准许入驻；同时，后续经营阶段要求客户提供其他资质。天猫店铺类型及相关要求如下：

（1）旗舰店

以自有品牌或由商标权人提供独占授权的品牌入驻，分以下几种情形：①经营一个品牌；②经营多个品牌且各品牌归同一实际控制人；③以服务类商标开设且经营多个品牌。其中②③两种类型旗舰店仅限天猫主动邀请入驻，且开店主体必须是品牌（商标）权利人或持有权利人出具的开设天猫旗舰店排他性授权文件的企业。

（2）专卖店

商家持他人品牌授权文件开设店铺。有以下几种情形：①经营一个授权销售品牌商品；②经营多个授权销售品牌的商品且各品牌归同一实际控制人。其中第②种类型专卖店仅限天猫主动邀请入驻。

（3）专营店

同一招商大类下经营两个及以上品牌商品的店铺。一个招商大类下专营店只能申请一家。专营店有以下几种情形：①经营两个及以上他人品牌商品；②既经营他人品牌商品又经营自有品牌商品；③经营两个及以上自有品牌商品。

#### 2. 消费顾客群

据相关资料统计，天猫用户收入水平相对较高，用户群体相对优质。词频搜索中多数为衣帽类产品，中高端衣帽类用品为天猫用户购买的首选商品。近年相关数据显示：“双 11”出现新趋势，有三大顾客群成为新用户，分别是“95 后”“银发族”和小镇青年。

### 1.3.4 拼多多平台

#### 1. 入驻资格

拼多多企业入驻和个人入驻流程相似，并且都需要缴纳一定入驻保证金，但是具体入驻过程中所需要的资质有所不同。个人店铺入驻需要个人店铺资质列表和一些特殊要求。比如当商家选择销售食品时，商家需要提供营业执照、食品流通许可证（或食品经营许可证）；当商家经营酒水时须提交酒类流通许可证或申明书；当商家为生产厂家时，只需提供食品生产许可证，可以不提供食品流通许可证。

### 2. 消费顾客群

有资料显示，拼多多用户群体主要分布在三、四线城市及以下地区，包括广阔的农村，而且拼多多用户和快手用户重合度非常高。拼多多用户多数为女性，用户学历较传统电商平台偏低，低收入用户占比较高。平台销售商品品种多为衣帽和杂物，少见高附加值产品。

## 1.4　树立品牌意识及塑造网店品牌

网店的最终目的是要盈利，而塑造品牌是为了更多的盈利。品牌有两种价值：欲望价值和定位价值。欲望价值是满足顾客心理预期超出产品本身价值的部分。定位价值是品牌在消费者心目中定位产生的价值，定位价值由许多因素构成，比如品牌知名度、美誉度，以及产品层次的特点、质量等。因此，利润也有两种来源，即利润=产品利润+品牌利润。产品利润来源于产品价值，品牌利润源于品牌价值。只有把品牌的欲望价值与定位价值结合起来塑造品牌，店铺才能获得产品利润之外的高额品牌利润，进而提高最终利润。

### 1.4.1　什么是品牌

#### 1. 品牌产品层次

现代市场营销理论认为，产品整体概念包含核心产品、有形产品、附加产品和心理产品四个层次。

（1）核心产品

核心产品也称实质产品，是消费者购买某种产品时所追求的利益，是顾客真正要买的东西，因而在产品整体概念中是最基本、最主要的部分。消费者购买某种产品，并不是为了占有或获得产品本身，而是为了获得能满足某种需要的效用或利益。如买自行车是为了代步，买汉堡是为了充饥，买化妆品是希望美丽、体现气质、增加魅力等。因此，销售产品、宣传产品时应明确产品能提供的利益，产品才具有吸引力。

（2）有形产品

有形产品是核心产品借以实现的形式，也是产品向市场提供的实体和服务的形象。如果有形产品是实体物品，则在市场上通常表现为产品质量水平、外观特色、式样、品牌名称和包装等。店铺首先要着眼于顾客购买产品时所追求的利益，以求完美地满足顾客需要，然后再寻求利益实现的形式，比如电冰箱不仅具有制冷功能，还包括质量、造型、颜色、容量等有形的表现形式。

（3）附加产品

附加产品是顾客购买有形产品时所获得的全部附加服务和利益，包括提供信贷、免费送货、保证、安装、售后服务等。由于产品的消费是一个连续的过程，既需要售前宣传，又需要售后持久、稳定地发挥效用，因此，服务是必不可少的。可以预见，随着市场竞争的激烈展开和客户要求不断提高，附加产品越来越成为商家获取竞争优势的重要手段。

（4）心理产品

心理产品是产品的品牌和形象提供给顾客心理上的满足。产品消费往往是顾客的生理消费和心理消费相结合的过程，随着生活水平提高，人们对产品的品牌和形象看得越来越重要，因而心理产品也成为产品整体概念的重要组成部分。

### 2. 品牌产品内涵

品牌产品要具有美丽度。事实证明，美丽的东西通常会给人留下深刻印象，美好的形象会打动人心。因此，美好形象塑造是必不可少的环节。不要小看美丽的能量，在视觉冲击的时代，在同质化产品铺天盖地的今天，再好的产品如果没有美丽的形象包装，也不会有好的市场前景。

品牌产品要具有认知度。好的产品、好的形象必须通过传播才能有更大的市场，因此，广泛的传播度是品牌建立的坚实基础，是品牌发展的有力支撑。在现代媒体社会发展壮大品牌，仅靠视觉传播、口碑传播、广告传播还远远不够，要进行整合传播，将品牌传播出去，才能深入人心。

品牌产品要具有知名度。品牌知名度是品牌资产的重要组成部分之一，是形成品牌形象、打造成功品牌的先决条件。品牌知名度越高，消费者购买该品牌的可能性越高，抵御竞争对手的能力也越强。知名的产品并不一定畅销，但畅销的知名品牌一定是更高段位的品牌。

品牌还要具有忠诚度和跟从度。当消费者对品牌产生偏好且在长时间内重复购买，那么消费者对品牌已建立忠诚度，这是品牌资产中最重要的部分。品牌忠诚一旦形成，很难受到其他竞争品牌产品的影响，因此，要积极建立符合消费者利益、欲望、情趣、爱好的品牌，必须牢牢抓住消费者心理，不断与消费者沟通交流，培养品牌的忠诚度。品牌的跟从度是综合累积的结果，并不能一蹴而就，品牌做到跟从度已不仅仅是为了利润，而是把品牌当成一种文化、一项事业、一份艺术。

## 1.4.2　如何塑造品牌

### 1. 品牌定位与名称

（1）品牌定位

品牌定位对一个品牌来说至关重要，做好品牌定位后，多方面的品牌活动才能围绕品牌定位开展。首先，品牌定位必须围绕目标客户，不同的品牌拥有不同的目标客户群体，在策划品牌定位时，必须清楚品牌面向的目标客户群是哪些人，然后针对目标客户群体进行市场调查，了解他们的需求以及消费观念等，根据自己产品或者服务设计好品牌定位，才能更好地与客户群体产生共鸣以及产生经济效益。

（2）品牌名称

品牌名称一般非常简短，但却是品牌的核心主体，因此，名称既要简单，又富有文化内涵，容易被消费者记住。品牌名称通常具有以下特点：

①名称个性鲜明，易于记忆和传播

易于记忆和传播是优质品牌名称最基础的标准，也是在定位品牌名称时首先要考虑的因素。首先要避免名称同质化，品牌名称的发音、情感、听觉感受等要严格区别于同类品牌、知名品牌和负面词汇；其次品牌名称要尽量简短且朗朗上口，符合目标群体的阅读习惯。

②体现商品核心特质，与商品相呼应

一个成功的品牌名称能直接或间接地传递商品的独特气质，凸显产品魅力，不仅能帮助消费者理解品牌、加深记忆，还能使消费者因品牌名称而对商品产生美好联想。

③让目标群体喜闻乐见，提升品牌情感

不同商品有不同的目标群体，即使同类商品也可以对应不同的需求，品牌名称让目标顾客群喜闻乐见，就是让品牌名称最大限度地迎合目标群体在关键需求上的心理偏好。

## 2. 品牌标志与品质

（1）品牌标志

品牌标志是品牌可以被认出、易于记忆但不能用言语表达的部分，包括符号、图案或明显的色彩、字体。品牌标志自身能够创造品牌认知、品牌联想和消费者的品牌偏好，进而影响品牌所体现的质量和顾客忠诚度。

品牌标志是一种“视觉语言”，它通过一定的图案、颜色来向消费者传输某种信息，以达到识别品牌、促进销售的目的。因此，设计一个合适的品牌标志，既要符合产品定位，也要富有创意。一个好的品牌标志能够增加品牌影响力。

（2）品牌品质

品牌无形，品质有形，一切著名的品牌均源于过硬的品质。品牌意味着值得信任：因为品牌等于责任，品牌无形中给消费者作出了品质承诺，消费者只管放心购买，无须小心谨慎。品牌意味着品质可靠：贴上品牌的标签，就等于告诉消费者品质可靠，消费者只需认准标签和品牌即可，无须担心产品质量与服务。因此，既然是打造品牌，就要保证产品品质，研发、生产、销售、制作工艺、质量材质等方面都要做好，保证商品的质量以及其他品质。

## 3. 品牌风格与文化

（1）品牌风格与个性

品牌风格是在目标品牌主题的约束下，通过品牌设计对品牌的核心价值、个性与特质作出的美学表达方式。品牌必须有属于自身的特色风格以及优势，才能获得消费者的关注和认可。品牌还需要有个性，它决定着品牌的差异性，能让消费者在茫茫品牌中一眼就能识别出来。个性化的品牌定位能更好地进入消费者内心，在消费者心里占据牢固的位置。

（2）品牌文化

通过赋予品牌深刻而丰富的文化内涵，建立鲜明的品牌定位，并充分利用各种强有效的内外部传播途径形成消费者对品牌在精神上的高度认同，创造品牌信仰，最终形成强烈的品牌忠诚，这就是品牌文化的意义。品牌文化的独特魅力就在于它不仅仅提供给顾客某种效用，而且帮助顾客寻找心灵的归属，实现人生的梦想和追求，它代表着一种价值观、一种品位、一种格调、一种时尚、一种生活方式。因此，每个品牌都要有与其相符的文化，通过这个品牌来表达和展现什么，人们看到这个品牌就能够联想到什么，打造品牌必须营造属于自己的品牌文化。

### 4. 品牌传播与经营

（1）品牌传播

品牌传播是要把网店或者产品的某个优势联系起来打入消费者的内心，并突出这个优势，让消费者能够记住。因此，可以从以下几方面考虑：

①找到第一或唯一的优点

“第一性原则”告诉我们，人们往往会记住第一而不会记住第二。品牌传播也一样，找到一个在行业里面做到第一的优点，再与品牌做好连接，让消费者产生第一的认知。那么，消费者才能更加关注这个优点，把品牌的效应发挥到最大。

②好故事是快速占领内心的有效工具

《感官品牌》提到，一个品牌应该努力制造一种和消费者之间的“亲缘关系”，类似于球迷的那种狂热。通过讲故事，能让消费者记住品牌的势点和特点，赋予品牌长久不衰的生命力，也能培养一群忠实的粉丝。而对于品牌传播，就是要占据消费者内心，讲故事给消费者听，越多人相信这个故事，品牌影响力就会越强大。

③聚焦定位，在细分领域突围

店铺刚刚运营通常存在体量小、资金流小、知名度小等困难，而有效的突围方式是在做品牌定位的时候，避开竞争激烈的区域，在一些细分的领域中寻找突破口，做细分领域中第一的位置。

（2）品牌运营

如何低成本地切入品牌运营呢？可以分三步走：一是解决说什么，找到品牌卖点；二是确定谁来说，找到面向客户的沟通角色；三是思考怎么说，找到适合自己的打法。下面具体讲这三步工作如何开展。

①提炼品牌的卖点

所谓“卖点”，其实是商品或者产品与众不同的特色、特点。通常情况下，不论它从何而来，只要能变成消费者能够接受、认同的利益和效用，就能达到产品畅销、建立品牌的目的。

②找到面向顾客的角色

根据运营过程中的客户画像，明确顾客是什么年龄、什么职业、什么爱好等，接下来就要考虑拟定什么样的角色去面向顾客。此类沟通角色可以是创始人、团队核心成员、意见领袖，也可以是客户等。

③选择适合的方式

确定具体方式的时候，首先确定总体目标，其次策划总体思路，最后选择合适的方式。主要的方式包括讲故事、蹭热点、发软文、办活动、投广告、做公益等等。

### 案例赏析

**成功网店的定位——海伶山珍：舌尖上的土特产**

早在2009年，农产品电商意识还未兴起的时候，海伶山珍店铺就走上了土特产的细分道路：食品中的土特产，特产中的青川野生土特产。把“山里人的货”搬到线上，荣获阿里巴巴“2010全球十佳网商”，4年营业额突破1000万元。目前淘宝店铺已经做到4个皇冠，还开了天猫店。

在人们越来越重视食品安全和品质的今天，土生土长的特产美食确实很能够打动人心。但是，蜂蜜、竹荪、花菇、木耳这些看天生长的特产，要把控好它们的产量、采集成本、物流成本，不是容易的事。

海伶山珍能够做大做强，很大一部分原因来自口碑传播。店主赵海伶专门开通了博客，她把每次进山取货的照片一一拍下来，把进山取货的经历和图片放到博客中，同时也放在店铺的首页和商品详情页，所有照片都让客户感受到现场的真实感。博客开通没多久，点击率就超过了 30 万，客户对这些信息的敏感度可想而知。此后，海伶山珍的官方微博、赵海伶的个人微博也常常出现进山取货的照片和内容。

另外，赵海伶也较早给店铺注册了商标，对店铺产品进行统一包装，并在店铺中放上食品流通许可证、产品生产许可证等，无形中让客户感受到店铺产品品质的保障。这在一定程度上拉高了竞争门槛，避免店铺陷入同质化、价格战的混战中。

（来源：《最有价值的十大成功网店案例分析》，https：//www.douban.com/group/topic/51872926/，2021 年 3 月 12 日引用）

## 实战训练

### 网店定位及选品

#### 【实训目的】

熟悉网店定位技巧，了解货源的基本渠道，寻找货源的具体途径，以及掌握基本的选品技巧。

#### 【实训内容】

1. 对自己经营网店进行合理定位。
2. 寻找合适的货源。
3. 初步确定网店经营的商品。

#### 【实训思考】

1. 想想网店前期的准备工作有哪些。
2. 选品的时候区分蓝海和红海的概念，并找出两个领域的代表性产品，进一步分析两类产品在经营中的优势和劣势。
3. 销售是连接供应和需求之间的桥梁，根据供应来分析需求和根据需求去寻找供应两种选品方式，哪一种更能够成功？
4. 注意分析自身及周边的特色优势货源以及充分挖掘其商业价值。
5. 寻找 5 个以上的网店名称，并对网店名称的选取进行评价分析。

# 第2章 图片拍摄与美化

## 2.1 拍摄通用技术

### 2.1.1 布景方式

#### 1. 微型摄影棚

小件商品适合在单纯的环境空间进行拍摄，由于这类商品本身体积小，因此在拍摄时也不必占用很大的空间和面积，如下图2-1所示，微型摄影棚能有效地解决小件商品拍摄的环境问题，免去布景的麻烦，还能拍出漂亮、主体突出的商品照片。除了使用摄影棚，还可以使用白色或者纯色的背景替代，例如白纸或颜色单纯、清洁的桌面等。

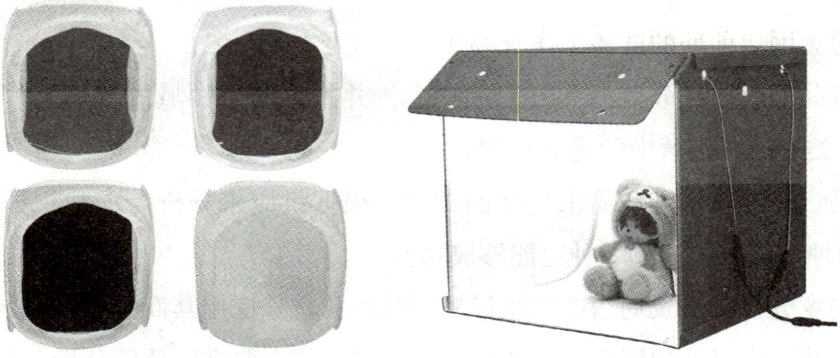

图2-1 微型摄影棚示例

### 2. 专业摄影棚

摄影棚（见图 2-2）是供拍摄影片用的特殊空间或建筑，有专业的灯光、相机以及配件，如柔光箱、反光板等，还有各种背景卡纸，此外，还可有各种配套的饰品、衣物等。棚内拍摄通常使用一个可以将背景纸卷起来的支架，不仅可以根据不同商品颜色来更换相配的背景纸，而且不容易将背景纸弄出皱褶，影响最终的拍摄效果。

图 2-2　专业摄影棚示例

### 3. 室内布景

在室内搭建实景拍摄比摄影棚内的背景纸更具立体感、现场感和真实感，对比也更加强烈（见图 2-3）。可以充分利用室内的每个角落、每件家具来布景，也可以放置一些自制的木板箱、小柜子、几何体、玩具和小装饰物等道具，但是这类布景必须充分考虑道具颜色与拍摄主体商品的协调性，不能喧宾夺主。

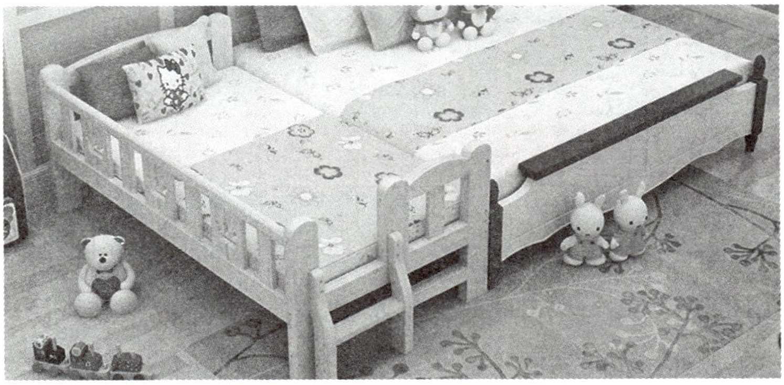

图 2-3　室内布景效果

#### 4. 室外布景

外景拍摄的照片是风格最清新自然、广受喜爱的照片类型（见图 2-4）。户外拍摄的照片可依环境的自然状况而水到渠成地拍摄，不必费心去设计光的环境或者背景、场景等拍照需要的条件。公园里人比较少的角落非常适合拍摄民族服装、改良中装、汉服和唐装这类传统风格的服装；而商业气氛浓厚的闹市区非常适合拍摄时装，临街商场、路灯和广告牌都是很好的布景，可以很好地表现出潮流、品位和时尚感。

图 2-4　室外布景效果

### 2.1.2　布光方式

拍摄静止的物体是一种造型行为，布光是让塑造的形象更具有表现力的关键。在拍摄中运用不同的布光表现出商品的软硬、粗细、轻重、薄厚甚至冷热的视觉感受，使消费者直观地看到商品的不同形态，在享受商品时还能获得良好主观感受。

布光难度很大程度取决于所处环境，即使同一种环境可能也会有好几种布光方式，关键是在短暂时间里选择最简洁合适的布光途径。

### 1. 正面两侧布光

这是商品拍摄中最常用的布光方式，布光的设置最简单，但效果也是最不突出的。正面投射出的光线全面而均衡，商品表现全面，不会有暗角。如果需要单纯地照亮主体，得到干净简洁的画面，正面两侧布光是最好的选择（见图 2-5）。

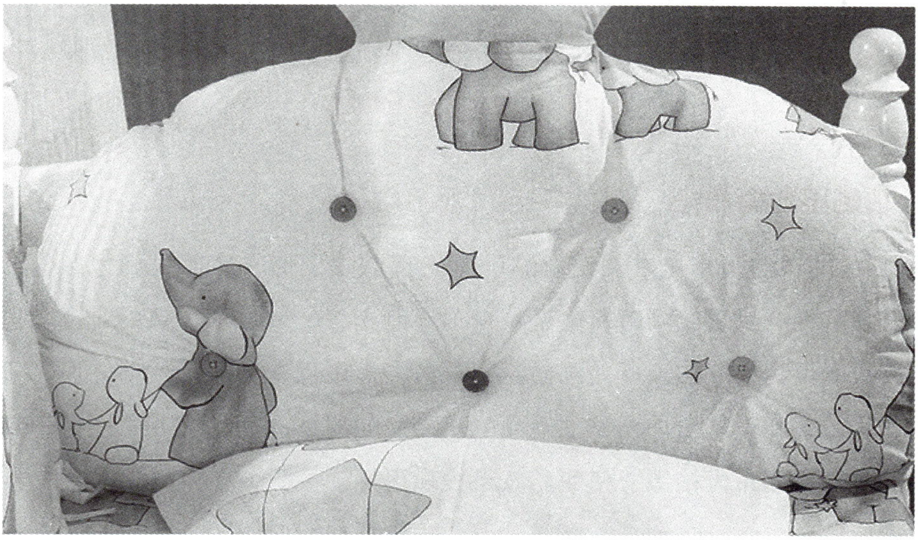

图 2-5　正面布光拍摄效果

### 2. 顶端两侧布光

顶端两侧 45 度布光方式可以使商品的顶部受光，正面没有完全受光，适合拍摄外形扁平的商品，不适合拍摄立体感较强且有一定高度的商品。例如下图 2-6 所示，扁平形状的商品适合顶端布光。

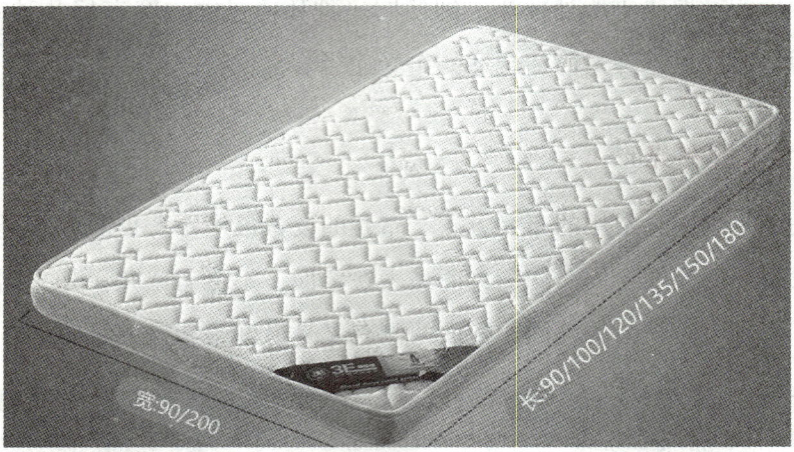


图 2-6 顶端布光拍摄效果

### 3. 单侧不均衡布光

单侧 45 度不均衡布光方式使商品一侧出现严重阴影，底部投影也很深，商品表面很多细节无法呈现，同时，由于减少了环境光线，增加了拍摄的难度。但是这种布光方式能得到很好的高反差画面，如果适当运用反光板或漫反射光源，可以让阴影部分显得柔和，从而加强整件商品的效果。如图 2-7 所示，儿童床拆下单侧围栏，非常适合单侧布光拍摄，使商品效果表现很好。

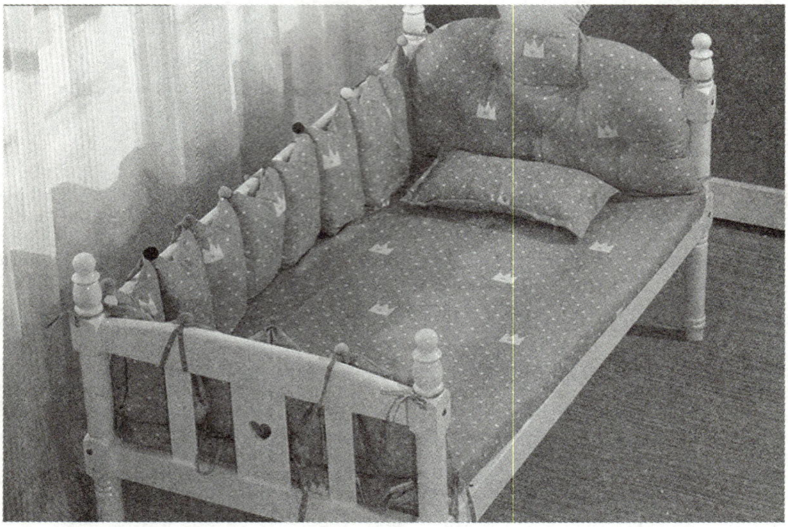

图 2-7 单侧不均衡布光拍摄效果

### 4. 前后交叉布光

这种布光方式从前后侧打光，可以表现商品表面的层次感，如果两侧的光线还有明暗的差别，既能表现商品的层次，同时又保全所有的细节，比单纯关掉一侧灯光的效果更好（见图 2-8）。

图 2-8　前后交叉布光拍摄效果

### 5. 后方布光

这种布光方式从背后打光，商品正面因没有光线而产生大片阴影，无法看出商品全貌，因此，除拍摄如琉璃、镂空雕刻等商品需要表现具有通透性外，最好不要轻易尝试这种布光方式。同理，如果采用平摊摆放的方式拍摄，可以增加底部灯光，也是从商品的后方打光表现出这种通透的质感（见图 2-9）。

图 2-9　后方布光拍摄效果

### 2.1.3 取景方式

取景要把各种不同的景物有选择、合理地安排在有限的镜头画面中，使画面富有艺术美感，包括拍摄距离、高度和方向等内容的选择。

#### 1. 拍摄距离选择

拍摄距离远近变化使被摄体呈现在画面上的大小不同，可分为远景、全景、中景、近景和特写等五个景别，在网店商品拍摄中用到较多的是后面四种。

（1）全景

全景画面包含广阔的空间范围，有很大的空间容量，是相机距离被摄商品较远的情况下获得。远景照片中的商品在画面中所占面积较小，主要是用来表达某种气氛、广阔的空间和大型的活动场面等。全景适合于表现商品体态全貌以及与环境的关系。

（2）中景

相机与被摄商品间的距离较近，主要以生动的情节打动观众，画面在构图方面主要是揭示商品最富表现力之处。拍摄时，要舍弃不重要和没有表现力的东西，重点抓住画面中拍摄商品的形态以及相互间的关系。

（3）近景

这是商品拍摄常用的拍摄方式，相机与被摄商品间的距离非常近，主要表现被摄商品局部的对比关系。从视觉效果看，近景使顾客高度集中注意商品的主要特点与质感，基本忽略环境对商品的影响，让商品有鲜明、强烈的视觉印象。

（4）特写

相机与被摄商品间的距离极近，就是表现一个“点”，透过放大局部细节揭示商品的本质。特写中的景物表现比较单一，舍弃烦琐，直奔主题，透过表象看本质。通常这些特写画面能以小见大，表现力非常震撼，这种方式通常用来展现商品的细节。

### 2. 拍摄高度选择

（1）平拍

平拍是拍摄点与被摄商品处于同一水平线上，构成的画面效果接近于人们观察事物的视觉习惯，所形成的透视感比较正常，不会使被摄商品因透视变形而遭到歪曲和损害。这种角度拍摄的商品，有一种亲近的感觉，适于表现具有明显线条结构或有规则图案的物体；不足之处是其往往把处于同一水平线上的前后各种景物相对地压缩在一起，缺乏空间透视效果，不利于层次感的表现。

（2）俯拍

俯拍是相机由高处向下拍摄，给人以低头俯视的感觉，画面中的水平线升高，周围环境得到充分表现，而处于前景的商品投影在背景上。在拍摄一些小物件的效果图或者食品、菜品的时候，俯拍是最好的选择，但一定注意不要挡住从上往下的光线。

（3）仰拍

仰拍是相机从低处向上拍摄，拍摄高处的商品，会使商品显得更加高大雄伟，有时可以表示商品间的高低位置。由于透视关系，仰摄使画面中水平线降低，前景和后景中商品在高度上的对比发生变化，使处于前景的商品被突出和夸大，从而获得特殊的艺术效果。

### 3. 拍摄方向选择

在拍摄距离和拍摄高度不变的条件下，不同的拍摄方向可展现被摄商品不同的侧面形象，以及主体与陪体、主体与环境的不同组合关系变化。拍摄方向通常分为正面角度、斜侧角度、侧面角度、反侧角度、背面角度等。

（1）正面角度

正面角度拍摄是与被拍摄商品正面成垂直角度的拍摄位置，主要表现商品的正面具有典型性的形象，能够表现被拍摄商品的本色。构图主要是表现商品多处在画面的垂直中心分割线上，常是对称的结构，一般说来正面的构图使商品形象比较端庄、稳重。

（2）侧面角度

侧面角度拍摄是与被拍摄商品侧面成垂直角度的拍摄位置，主要表现商品的侧面具有典型的形象。按照拍摄角度与正面或背面偏离角度不同，可分为斜侧和反侧角度。斜侧可在正、侧角度范围内选择适当的拍摄位置，既能表现商品正或侧面的形象特征，又使商品形象有丰富多样的变化，收到形象生动的效果。反侧角度拍摄能将商品的特有精神表现出来，有出其不意的效果，往往能获得很生动的形象。

（3）背面角度

背面角度拍摄是在商品的正后方进行拍摄，使画面所表现的视角与被摄商品的视角一致，使人产生与被摄商品有同一视线的主观效果，给人以强烈的主观参与感。

由此可见，选择何种拍摄方向，不仅使被摄商品形象有变化，构图形式有变化，更主要的是表现内容也有变化，因此，在考虑拍摄方向选择时，应根据被拍摄商品和表现主题的要求而变化。至于正面角度、侧面角度、背面角度，没有优劣之分，只要运用得当，都会获得成功的构图。

## 2.1.4 构图方式

“取景”和“构图”在很大程度上对图片的美观起决定性作用，“取景”是选择哪些景物摄入镜头，而“构图”是把摄入镜头的景和物进行合理组合，使其变得更加符合视觉习惯，也使画面显得更美观。常见的构图方式有如下五种：

### 1. 黄金分割法

黄金分割法构图方式，画面的长宽比例通常为 1∶0.618，由于按该比例设计的造型十分美丽，故其被称为黄金分割。黄金分割法构图中，0.618 的位置是放置拍摄主体最佳的位置，以此形成视觉重心，而且通常主体占据画面大约在 0.618 位置。按照黄金分割线是竖向还是横向，画面可以分为左右结构和上下结构两种类型，如图 2-10 是左右结构，2-11 为上下结构，在商品图片实际拍摄中，左右结构用得较多。

图 2-10　左右结构构图效果

图 2-11　上下结构构图效果

## 2. 三分法

用两横两竖的线条把画面九等分，也叫“九宫格”，中间 4 个交点成为视线重点，也是构图时放置主体的最佳位置。主体并非必须占据画面的 4 个视线交点，占据 1~4 个交点都可以，但是画面的疏密会有所不同。

如图 2-12 所示，床头柜占据左上方 1 个交点，床上装饰物占据下边 2 个交点，床头的布艺占据右上方的交点，并且在物体摆放时巧妙地运用 45°对角线，因此并不觉得画面偏移或重心不稳，符合形式美法则的构图方式。

图 2-12　三分法构图效果

### 3. 均分法

为了在视觉上突出主体，常常将主体放在画面正中间，左右基本对称，因为很多人喜欢把视平线放在中间。如图 2-13 所示，图片使用了均分法构图，主体都在画面的正中，但为了防止画面显得过于呆板，在对称中略有不同，图中电视柜上的装饰物没有对称摆放，而且错落有致地分布，使图片看上去清新大方、简约温馨。

图 2-13　均分法构图效果

### 4. 疏密相间法

需要在画面中摆放多个物体拍摄时，最好是让它们错落有致、疏密相间。多件物体的前后左右布局要比一字排开自然和美观得多，其中有些被拍摄物体适当地相连或交错，往往会让画面显得更加紧凑、主次分明。

图 2-14 中，书架上物品的摆放看似随便，其实仔细观察，可以很清楚地看到它们之间的疏密关系：左上、右中和左下是摆放竖立的书籍和文件夹，是紧密的摆

放，而与他们错开的位置选择摆放稀疏的装饰物品，比全都密密麻麻摆满书籍的效果要好很多，这样不仅能够全面展现商品的主题，而且恰当的密度和距离还会消除视觉上的紧张感。

图 2-14　疏密相间法构图效果

### 5. 远近与明暗相间法

拍摄商品图片有时候需要带上点近景，或者隐隐约约保留一点颜色比较淡的远景，以增强立体感，表现出丰富的拍摄层次。

如图 2-15 所示，图中原色的实木床、配原色的地板和远处的饰品以及虚虚实实的环境都在营造一种意境，而这种意境最容易感染顾客，留下足够的想象空间。要注意画面色彩的变幻和明暗的跳跃，可以使照片不会因单调、呆板而显得过于平淡，但这样的远近和明暗层次要使用得当，否则反而显得不协调。

图 2-15　远近与明暗相间法构图效果

# 2.2　图片拍摄策略与技巧

掌握了前面所讲的基本拍摄技术，就可以开始商品图片的拍摄，图片拍摄效果对于网店非常重要，也决定顾客是否愿意点击和浏览商品，从而影响店铺的转化率，因此还要学些美化图片的策略和技巧。

## 2.2.1　图片拍摄策略

### 1. 选取形象与主题

商品拍摄是视觉艺术，并且追求画面效果，这首先取决于选取的主体对象和表现方式，也就是拍摄中的立意问题。因此，要提前构思好商品照片的主题或亮点，这样拍出来的照片才有感染力。如何提炼商品图片的主题，可以从以下两个方面考虑：

（1）整体把握

拍摄前要在脑子里有个基本轮廓，对面前的商品要考虑主体形象是否有足够的吸引力或怎样创造主体形象的吸引力。然后在按下快门的瞬间，要进行思考和谋划，考虑“拍什么和怎么拍”。考虑是否可通过拍摄的角度、光位、光线使照片有吸引力；拍摄的距离如何，主体与陪体之间的关系如何，想表达的主题画面元素能否被镜头所容纳，该用什么曝光模式，要强调的对象造型及体面关系如何。

（2）精心布局

利用相机的镜头，在一定的空间安排和处理人、物的关系和位置，把个别或局部的形象组成艺术整体。好的摄影构图能使主题鲜明起来，同时具有一定的形式美感，能产生一定的视觉冲击力和心理震撼力。

在取景范围内如何有美感地组织和安排物体，让错综复杂的画面内容、眼花缭乱的画面形式更加简洁，让主体更为突出？首先要清楚，取景框观察世界与人的裸眼是不一样的。因此进行取景时要考虑以下几点：取景框内需容纳的画面元素；主体四周有无破坏照片主体的东西以及其他物体存在的理由；画面是否均衡，色彩的布局是否合理；前景及背景对主题能起到什么作用；用何种景别更有利于表现主题；主体与陪体关系如何，陪体在画面中所占的比例应该是多少等。

### 2. 确定表现形式

在图片拍摄过程中，美的表现形式非常重要，为了良好的画面感，往往需要进行构思和设计，从形式上看，通常有如下法则：

（1）变化与统一

商品拍摄中，为了具有丰富的艺术形象，需要运用多种素材和色彩以及多样化的表现手法，同时也要保持画面统一，保证选择的元素具有共同性和融合性，才能构成有机整体。

（2）节奏与韵律

商品拍摄中，如果运用一些元素有条理地反复、交替或排列，使人在视觉上感受到动态的连续性，会产生节奏感。如果不是简单地重复，而是有一定变化的互相交替，情调在节奏中融合，在整体中产生不寻常的美感，则会产生韵律感。

（3）对称与均衡

商品拍摄中，如果以一个点或轴为对称中心将整体对称化，能表达出秩序与安静、稳定与庄重等心理感觉，有时候也可以加入一些不对称的因素，避免过于单调。同时还要根据形象的大小、轻重、色彩及其他视觉要素的分布，保持视觉上的力度均衡。

（4）比例与秩序

商品拍摄中还要考虑商品的面积与体积大小的比例、数量多少的比例等，都要符合一定尺度，给人以美的感受，如果比例失调，就破坏了美的秩序和规律。

（5）对比与和谐

商品拍摄中常用一些表现手法来突出拍摄主题、丰富整体画面，常用的有明暗对比、虚实对比、冷暖对比等具有反差的元素，在视觉上形成一种刺激，给人一种鲜明、活泼的感觉。但过于生硬的对比可能会使画面有些松散，可以用一些方法让对比略有调和，使画面更加完整。

### 3. 合理组合与搭配

一张好的商品照片，只能有一个中心商品，其他景物都是为了说明、烘托这个中心商品，因此，取景时要突出和强调这个中心，做到有主有次，主次分明。此外，选择合适的背景、道具等搭配能更好地体现主体的定位和产品的质感。道具选择有三种方式：一是直接表达，即产品和什么有关系，如拍摄美食，就选择搭配餐具；二是朦胧表达，比如男士用品就搭配男人喜欢的汽车、金融工具等，女士产品可搭配旗袍、扇子等；三是抽象式表达，选择不同的材料，通过质感的对比，营造主题气氛。当然也可以没有原因，只要好看，能衬托产品的个性就好。

### 4. 简洁与适宜的布局

成功在于简洁，简洁就是美，商品照片最忌讳的就是杂乱无章，这样的照片毫无美感，商品也失去应有的价值。主体和配饰在画面比例上应分布得当，通过布局安排，使照片的画面表现得章法井然，主体突出。

## 2.2.2 不同材质商品的拍摄技巧

商品照片效果好坏最重要的判断标准是能否正确地表现出商品的形态、质感和色彩，这很大程度上由光线决定。根据商品表面质感对光线的不同反应，可划分为吸光体和半吸光体、反光体和半反光体、透明体和半透明体这三大类。

### 1. 吸光类商品

吸光类商品表面通常不光滑，对光的反射比较稳定，即物体的固有色比较稳定统一，而且这类商品通常本身的视觉层次比较丰富。这类商品包括毛皮、衣服、布料、食品、水果、粗陶、橡胶、亚光塑料等（见图 2-16）。

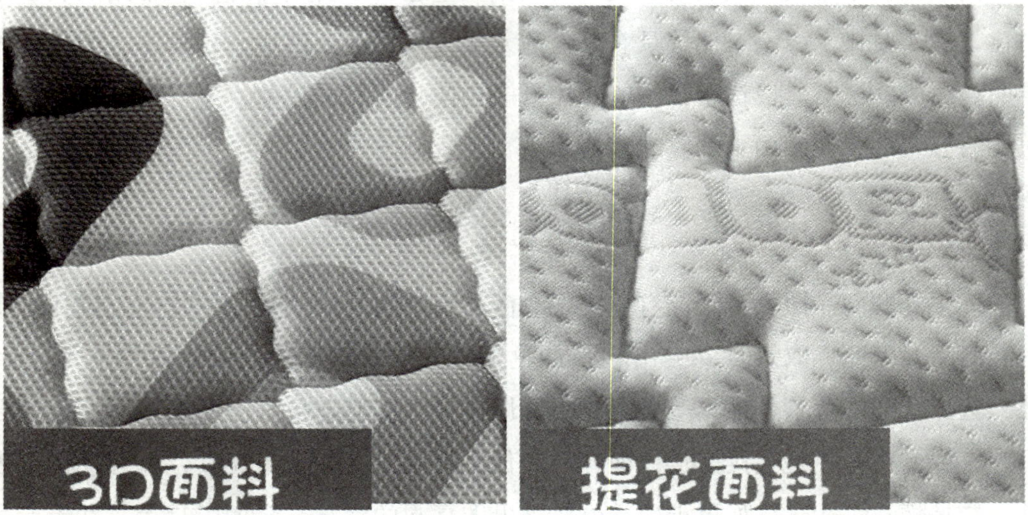


图 2-16　吸光类商品拍摄效果

为了表现出吸光商品的质感，拍摄时可以使用稍硬的光线照明，以侧光、侧逆光为主，照射角度适当放低，因为过柔过散的顺光，尤其是顺其表面结构纹理的顺光，会弱化商品表面的质感。如果拍摄表面结构十分粗糙的裘皮、石雕等，可以用更硬些的直射光照明，如聚光灯、闪光灯、太阳光直射，因为这种硬光的光线锐利，在凹凸不平的表面会产生细小的投影，能够强化质感的表现，使商品的表面出现明暗起伏的结构变化，增加立体感。

### 2. 反光类商品

反光类商品表面结构光滑如镜，具有强烈的单向反射能力，直射灯光聚射到这种商品表面，会使光线改变，产生出强烈的眩光，如金银饰品、瓷器、漆器、电镀制品等（见图 2-17）。

图 2-17　反光类商品拍摄效果

在拍摄这类商品时可以采用柔和的散射光线照明，也可以采取间接照明的方法，使用柔光箱、反光板和硫酸纸等光扩散工具来柔化光线，用反射光来照亮商品，因为均匀、柔和的光线能够有效地降低表面的反光度，使其色调更加丰富，从而表现出光滑的质感。

### 3. 透明类商品

透明体表面非常光滑，能够自由地传导光线而不改变其特征，使其产生玲珑剔透的艺术效果。香水、化妆品等液体或者玻璃制品、水晶、玉器等透明商品既有反光特性，也有透光特性，光线的入射角度越小，反射光量越多。

在拍摄时要采用侧光、侧逆光和底部光等生动的照明方式，利用光线穿过透明体时因厚度不同而产生的光亮差别，使其呈现出不同的光感，以此来表现清澈透明的质感，但因透光体具有反光特性，一般不要用直接光照明，而要使用间接光照明，以使商品的表面产生少量反光，更好地显示外形和质感（见图 2-18）。

图 2-18　透明类商品拍摄效果

## 2.2.3　商品摆放与细节拍摄技巧

商品的摆放是一种陈列艺术，同样商品使用不同造型和摆放方式会带来不同的视觉效果。拍摄前要思考商品采用什么摆放角度和组合最能体现产品性能、特点及价值，这决定了图片的基本构图。

### 1. 摆放角度

在拍摄商品前，必须先将拍摄的商品进行合理组合，设计出最佳的摆放角度，为拍摄时的构图和取景做好前期准备。

因为人类的视觉习惯是视点朝下，这个角度看东西让眼皮最轻松。如图 2–19 中小首饰的摆放方式，左图手链以 45 度倾斜向下摆放，右图用垂直悬挂的方式摆放，这样的摆放方式可以使视觉中心正好落到首饰中心的造型上。

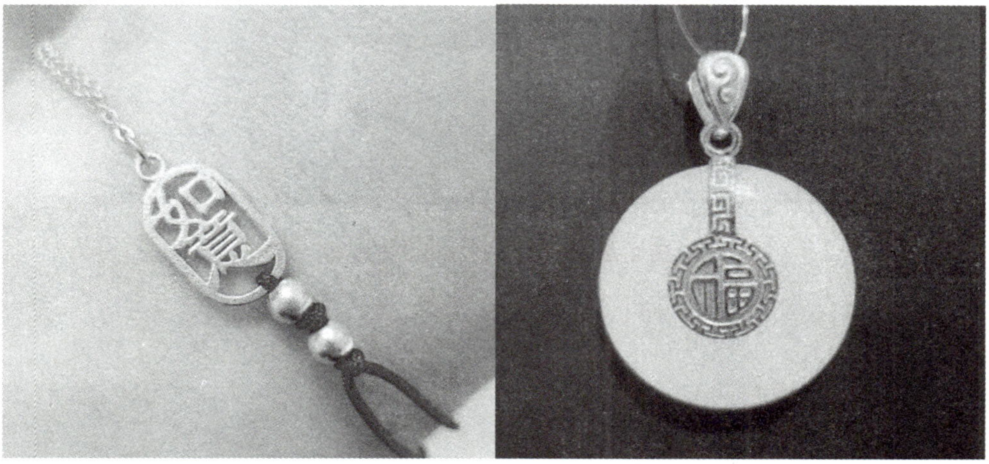


图 2–19　商品摆放角度效果

### 2. 外形二次设计

每件商品的外部形态在其从流水线上出来时就决定了，但在拍摄时可以充分运用想象力进行商品二次设计和美化商品的外部线条，呈现出一种独有的设计感和美感。

比如，手镯是圆圈型商品，如果全面常规摆放，让人感觉单调，容易产生视觉疲劳，可设计一些变化。如图 2–20 所示，将四个手镯无序地分散成一串，再结合软滑质感的丝绸，增添几分秀美，而且灰色让人感觉高端大方。单个手镯结合软滑的丝绸，让人感觉到一种高冷和孤傲，独显一份秀美的气质。

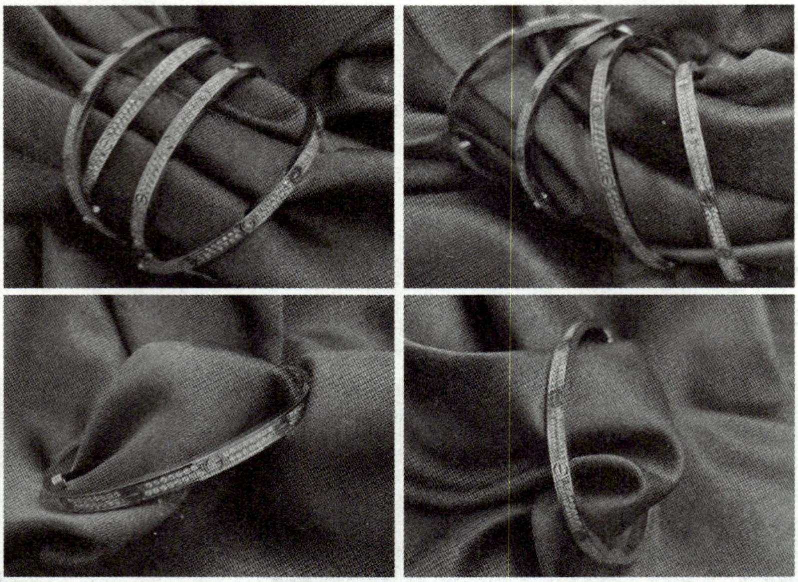

图 2-20 商品外形二次设计效果

### 3. 红花配绿叶

随着消费水平和层次不断提高，消费者眼光越来越挑剔，商品的优势和价值、悠闲的生活节奏、小资情调和无法言说的意境都可吸引消费者的目光。

因此，在拍摄商品时，越来越多的商家开始加入个人感情，营造一种购物的氛围，网店商品图片不再一成不变，不再拘泥于呆板的排列。如图 2-21 所示，纯金手镯配上粉嫩的花朵，给人以浪漫满屋、少女心爆棚的感觉。此外，在拍摄美食的时候，偶尔也会呈现出糖霜、巧克力粉、清澈的茶汤等对“新鲜”美食的理解，这样的场景不需要过多的取景和构图技巧，随便一按快门就是一幅标准的静物写真。

图 2-21　商品红花配绿叶效果

### 4. 组合产生韵味

在一件商品摆放中找到主题很简单，但要想在一堆花花绿绿的物体间，一眼就能发现商家想要表达的主题，就需要具有一定的陈列水平。

如图 2-22 所示，店主按照饰品本身特有的造型，或根据每个人对饰品的不同搭配理念，将这些首饰进行组合排列，释放着一种可爱和童趣，让人忍不住心生疼爱，恨不得马上就占为己有。

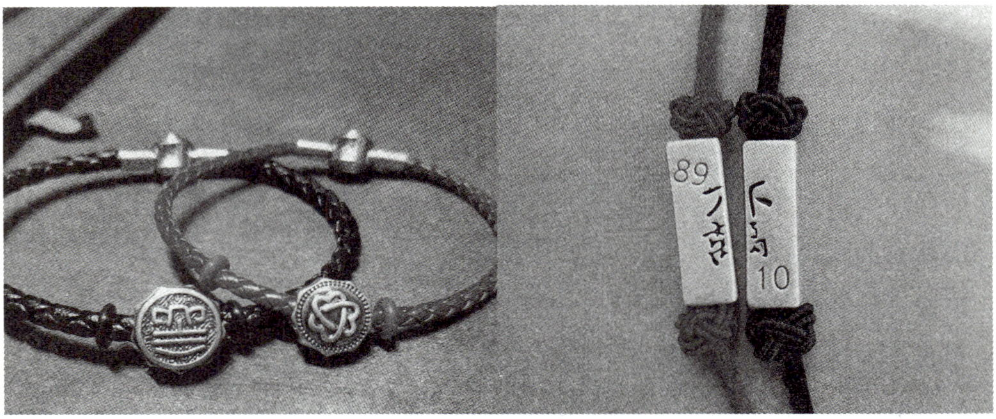

图 2-22　商品组合产生韵味效果

### 5. 疏密和序列感

摆放多件商品时最难的是要兼顾造型的美感和构图的合理性，因为画面上内容多就容易显得喧闹和杂乱，此时采用有序列感和疏密相间的摆放能很好地兼顾，使画面显得饱满、丰富，而又不失节奏感和韵律感。

小物件往往需要通过一定的队列方式摆放才会显得井然有序，如图 2-23 所示，左图中的钻戒在随意摆放时又特别注意了钻石戒托与钻石间的距离和疏密度，增加构图上的透气性，给人一种视觉上的享受，而小颗钻石变换阵形排在一起会产生不同的视觉美感。右图中的项链有规律地一字排开，没有选择垂直展示，而是以 45 度倾斜摆放，规则中蕴含着节奏感。

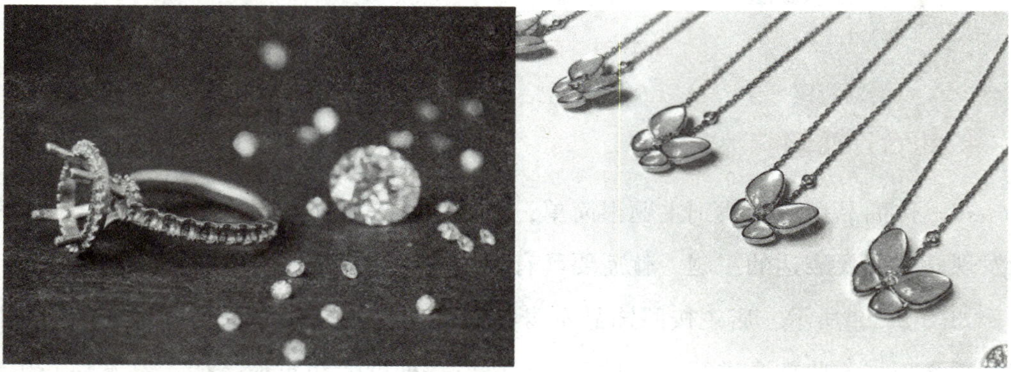

图 2-23　商品疏密和序列感效果

### 6. 展示商品细节

每个商家都有对商品的价值判断，消费者也自有其不同的判断标准，有时他们更关注商品的内在布置和一些细节等，因此，适当地展示商品内部构造和细节可以消除消费者的购买担忧。

消费者除看商品的外部形态，还希望看看商品的内部结构和细节。比如写字桌的桌角是否进行圆滑处理、螺丝钉是否让桌椅更加牢固等。因此，在拍摄时可通过适当的细节来满足这种需求。如图 2-24 所示，商家对各种细节进行详细展示，同时还把自己的产品与其他产品进行对比，让消费者在充分了解商品信息的同时，增加购买本产品的信心。

图 2-24　商品展示细节效果

# 2.3　图片美化工具及处理技术

当前各种图像处理软件越来越完善，普及程度不断提高，利用图像处理技术，处理好图片与商品的关系，能够对消费者产生强烈的视觉冲击，给其留下深刻的印象，提升商品浏览量和知名度。网店经营不仅仅需要技术，而且越来越需要艺术，使美术创作进入一个新阶段。

## 2.3.1　光影魔术手

光影魔术手是针对图像画质进行改善提升及效果处理的软件，不需要任何专业的图像技术，可以制作出专业胶片摄影的色彩效果。它简单易用，具有许多独特之处，如反转片效果、黑白效果、数码补光、冲版排版等，并且批量处理功能非常强大，是摄影作品后期处理、图片快速美容、数码照片冲印整理时必备的图像处理软件，能够满足大部分照片后期处理的需要。

### 1. 水印功能

可以将店标或者象征性的标记标注在商品图片上。打开要编辑的图片，点击“水印”图标，插入要选用的水印图片，可以浏览文件选择；选择要放在照片上的大概方位，点击预览；将水印图片进行一定的缩放，根据要放的具体位置进行水平垂直边距调整；还可以调节透明度。

### 2. 添加边框

在“边框图层”中选择，单图边框可以选择轻松边框、撕边边框、花样边框等。例如制作花样边框：打开图片，点击“花样边框”，在“边框”下拉框中选择边框类型，选中一种边框，出现效果图。还可根据个人需要，点击左下方的“选项”，根据复选框提示选择；也可点击“选区”选择入框区域。多图边框：打开一张照片后，点击“多图边框”，在“边框”下拉框中选择边框类型，先想好用哪一种式样，根据样式选择照片，点击右边的“+”号添加相应数量的照片，并根据横竖版进行照片排位，最后点击想用的边框，出现效果图，点击确定。

### 3. 添加文字标签

和制作水印一样，可以连续制作多个文字标签。点击“插入标签”复选框，可以自行输入，也可点击后面的小铅笔插入照片的一些信息，如拍摄时间等；点击小铅笔后面的两个按钮设置字体、大小、颜色；选择要放的标签位置，点击预览，根据需要调节水平、垂直边距；还可以使用背景色，最后确定。

### 4. 批处理功能

当照片质量比较高并选用统一的背景，而且图片亮度比较平均，不需要做太大起伏的调节；或者对单张图片处理要求不高，只需要改变图片大小或加上水印；或者对已经调整好亮度、背景的图片加上统一的水印或者边框时，适合采用批处理方式进行图片处理。

批处理功能的添加是根据图片本身的需要进行设置的。首先打开光影魔术手，点击“文件”，在下拉框中点击“批处理”，进入批量处理对话框，呈现的是“自动处理”一栏所有图标目录；点击“+”号，弹出“增加动作”对话框，任意点击一个动作，按“增加”可以将动作移到左边空白框中，可以不断增加多个动作效果；点击“输出设置”，在“指定路途”一栏中点击文件浏览图标，在弹出的对话框中选定要输出文件的保存目录；在“照片列表”一栏中，点击“增加”，在弹出的对话框中选择要处理的图片，然后点确定，完成批处理操作。

## 2. 3. 2　Photoshop

Photoshop 是目前公认的、较好的通用平面设计软件，功能完善、性能稳定、使用方便。可方便快捷地对图像的颜色进行明暗、色偏的调整和校正，也可对不同颜色进行切换以满足图像在不同领域如网页设计、印刷、多媒体等方面的应用。

### 1. 常用的抠图方法

（1）魔术棒法——最直观

这种方法的意图是通过删除背景色来获取图像。适用范围：图像和背景色色差明显，背景色单一，图像边界清晰。缺陷是对散乱的毛发没有用。具体操作方法如下：

①点击“魔术棒”工具；

②在“魔术棒”工具条中，在“连续”项前打钩；

③“容差”值填入“20”，此值可以看之后的效果好坏进行调节；

④用魔术棒点背景色，会出现虚框围住背景色；

⑤如果对虚框的范围不满意，可以先按 CTRL+D 取消虚框，再对上一步的“容差”值进行调节；

⑥如果对虚框范围满意，按键盘上的 DELE 键，删除背景色，就得到了单一的图像。

（2）色彩范围法——最快速

这种方法的意图是通过背景色来抠图。适用范围：图像和背景色色差明显，背景色单一，图像中无背景色。缺陷是对图像中带有背景色的不适用。具体操作方法如下：

①颜色吸管拾取背景色；

②点击菜单中“选择”功能里的“色彩范围”功能；

③在“反相”项前打钩，确定就选中图像了。

（3）磁性索套法——精确快速

这种方法的意图是利用磁性索套会自动识别图像边界，并自动黏附在图像边界上。适用范围：图像边界清晰。缺陷是边界模糊处须仔细放置边界点。具体操作方法如下：

①右击“索套”工具，选中“磁性索套”；

②用“磁性索套”工具，沿着图像边界放置边界点，两点之间会自动产生一条线，并黏附在图像边界上；

③边界模糊处须仔细放置边界点；

④索套闭合后，抠图就完成了。

（4）羽化法——粗加工

这种方法的意图是粗略抠图，不求精确。适用范围：粗略抠图。缺陷是图像边界不精确。具体操作方法如下：

①点击“索套”工具；

②用索套粗略地围住图像，边框各处要与图像边界有差不多的距离，这点能保证羽化范围的一致性，提高抠图的精确性；

③右击鼠标，选择“羽化”功能；

④调节羽化值，一般填入“20”，确定后就粗略选中图像。羽化值的大小，要根据前一步边框与图像的间距大小调节。

## 2. 图像色彩调整

RGB 色彩是常说的三原色，R 代表 Red（红色），G 代表 Green（绿色），B 代表 Blue（蓝色）。自然界中肉眼所能看到的任何色彩都可以由这三种色彩混合叠加而成。三原色的混合原理：红色+绿色=黄色；绿色+蓝色=青色；红色+蓝色=品红；红色+绿色+蓝色=白色。用以上的相加混色三基色所表示的颜色模式称为 RGB 模式，而用相减混色三基色原理所表示的颜色模式称为 CMYK 模式。

①“去色”命令：将彩色图像转换为灰色图像，但图像的颜色模式保持不变。

②“阈值”命令：将灰度或者彩色图像转换为高对比度的黑白图像，其效果可用来制作漫画或版刻画。

③“反相”命令：反转图像中的颜色。在对图像进行反相时，通道中每个像素的亮度值都会转换为 256 级颜色值刻度上相反的值。例如值为 255 时，正片图像中的像素会被转换为 0，值为 5 的像素会被转换为 250。

提示：反相就是将图像中的色彩转换为反转色，比如白色转为黑色，红色转为青色，蓝色转为黄色等。

④“色调均化”命令：按照灰度重新分布亮度，将图像中最亮的部分提升为白色，最暗部分降低为黑色。

⑤“色调分离”命令：可以指定图像中每个通道的色调级或者亮度值的数目，然后将像素映射为最接近的匹配级别。

### 3. 明暗关系转换

对于色调灰暗、层次不分明的图像，可以使用针对色调、明暗关系的命令进行调整，增强图像色彩层次。

①“亮度/对比度”命令：可以直观地调整图像的明暗程度，还可以通过调整图像亮部区域与暗部区域之间的比例来调节图像的层次感。

②“阴影/高光”命令：能够使照片内的阴影区域变亮或变暗，常用于校正照片内因光线过暗而形成的暗部区域，也可校正因过于接近光源而产生的发白焦点。该命令不是简单地使图像变亮或变暗，是基于阴影或高光中的周围像素增亮或变暗。因此，阴影和高光都有各自的控制选项。当启用“显示其他选项”复选框后，对话框中的选项发生变化数量：“阴影”选项组中的“数量”参数值越大，图像中的阴影区域越亮；“高光”选项组中的“数量”参数值越大，图像中的高光区域越暗。

③“曝光度”命令：可以对图像的暗部和亮部进行调整，常用于处理曝光不足

的照片。

#### 4. 滤镜校正

滤镜是图像的特效处理工具，能对图像进行各种特效处理，以产生奇妙的效果。Photoshop 内置滤镜中有 14 个滤镜组分为两类：一类是破坏性滤镜，一类是校正性滤镜。大多数滤镜都是破坏性滤镜，这些滤镜执行的效果非常明显，有时会把图像处理得面目全非，产生无法恢复的破坏。破坏性滤镜包括风格化、画笔描边、扭曲、素描、纹理、像素化、渲染、艺术效果等；校正性滤镜主要用来对图像进行一些校正与修饰，包括改变图像的焦距、颜色深度、柔化、锐化图像等。

滤镜的使用规则：

①有选区针对选区，没选区针对当前图层或通道

②用相同参数处理分辨率不同的图像，其效果不同。

③执行完滤镜后，使用“编辑菜单”的“消褪”命令，可以控制滤镜效果的透明度。

④局部处理时，可羽化选区。

⑤位图和索引模式不可用滤镜，CMYK 和 LAB 模式下，部分滤镜不可用。

⑥滤镜的单位是像素。

### 知识拓展

#### 爆款产品图使用的 5 大拍摄技巧

第一招：信息图表

Infographic（信息图表）是提高转化率的必胜招数。懒得读五点的读者一般会被 Infographic 吸引。同时，Infographic 可以将产品功能和具体图片位置一一对应，信息传达更准确。

可以在五点基础上进行高度提炼，使 Infographic 上的文字部分短小精悍。

第二招：竞品差异对比图表

产品的差异化是爆单秘籍。可能付出很大成本做好产品调研，也进行了产品优化，可这是一个“看脸”的时代！没有差异化的产品图，消费者是不会感受到产品的特别之处。

要知道，人人都有“货比三家”的习惯，可以主动展示“货比三家”的图，帮助消费者节省搜索其他产品的过程，他们往往就能直接下单。

第三招：带有促销信息的附图

针对新品或清仓货品，通常添加带有促销信息的产品图后能更有效和直观地吸引消费者，这也是促成转化的关键。

亚马逊上的促销种类有：秒杀、包邮、买一赠一、直接折扣、赠品、打折券等。如果做过促销，就会发现，消费者们并不一定能及时收到促销信息，因此，亚马逊给所有在促销的 SKU 都加上了“促销广告图”。这招很管用，消费者看到后反应迅速，特别是他们看到促销信息上说产品很快就要恢复原价。

注意：

（1）不要在主图上用加了促销信息的图片。主图必须是白底正规产品图。

（2）最好把带有促销信息的图片放在最后一张。

（3）如果产品有变体，需要为每个 ASIN 单独添加相应的带有促销信息的产品图，否则亚马逊会让产品下架。

第四招：添加生活方式图片

相比于白色背景的高清产品图，把产品放在各种生活场景中，并让模特（包括手模、脚模等局部模特）出镜，能唤起情绪，让消费者产生强烈的代入感。

注意，一定要跟摄影师沟通清楚你需要的角度、场景元素、情感表达等具体需求。

第五招：添加使用说明的产品图

你有没有遇到过因为不会正确使用产品而给差评的买家？即使你的产品在细分市场里出类拔萃，还是会遇到那些对产品说明看都不看、一味抱怨不会用而扔个差评的人。

怕就怕这一两个差评很可能就把整个评论的节奏带跑偏了。为了最大限度避免这一类人留差评，你得……更好地服务！因为他们的特点是：读文字看不到重点，放在图里就懂了！

（来源：《爆款产品图使用的5大拍摄技巧及亚马逊爆款ASIN的产品图深度分析》，https：//www. cifnews. com/article/51301/，2021年3月27日引用）

## 实战训练

### 商品拍摄和图片处理

**【实训目的】**

1. 掌握常见商品的拍摄手法和技巧。
2. 掌握利用工具软件对照片进行后期处理的方法。

**【实训内容】**

1. 选择合适的拍摄设备，搭建一个光照良好的拍摄环境，营销出一定的艺术氛围，拍摄一组商品照片，要求成像清晰、亮度合适，选取多个角度，表现出材质的质感和细节。

2. 选择合适的软件和所拍摄的商品照片，为照片添加说明文字、水印的版权文字和边框等。

**【实训思考】**

1. 不同的拍摄环境对商品定价的影响。
2. 在商品描述中，如何运用大图和细节图的搭配。

# 第 3 章 商品文案策划与撰写

## 3.1 商品文案策划

商品文案的目标是使商品具有更高的认知度和销售力，更好地获得目标顾客的认知，更有效地把商品价值传递出去。好的商品文案，能够吸引住目标顾客，并说服其最终购买。因此，商品文案的撰写十分重要，要让顾客通过浏览商品文案，感到购买这件商品物有所值，进而放心下单。

### 3.1.1 商品文案的要素

从消费者行为学角度分析，大部分消费者的购买心理过程包括几个阶段：一是关注，即吸引消费者注意力；二是兴趣，即消费者感兴趣；三是欲望，即激起消费者的购买欲望；四是确信，即具有安全保证；五是行动，即满足消费者所有心理过程，其很有可能就会下单购买。大部分转化率高的文案就是针对消费者购买心理而设计的，一步一步打动消费者。高转化率文案包括以下四个要素：

#### 1. 引起关注的吸引点

在浏览各式各样商品方案之前，消费者首先会关注标题，但设计标题的目的不仅仅是赢得注意力，还要提供有效有用的信息，吸引消费者继续浏览商品文案，然后通过标题去筛选目标顾客群。构思文案标题有两个常用技巧：

（1）强烈对比反差

人们很容易被有具大反差的事物吸引注意力。比如之前有一篇很火的文章，其标题就具有很大的反差感："月薪 3000 与月薪 30000 的文案区别"。相信对文案感兴趣的人来说，在众多文章中看到这个标题，多数都会点进去看看究竟。因为"3000"和"30000"是 10 倍的反差，通过对比很容易吸引目标顾客群的注意力。

（2）绑定热门话题

绑定现阶段消费者容易关注的话题，如爱情、工资、手机、嘻哈等热门话题。比如油烟机是一种关注度很低的品类，不像手机、可乐等是常被提及的品类，但某油烟机品牌的一个文案绑定了人们关心的"爱情"话题进行宣传——"油烟情书"，这种操作可有效提高关注度。

### 2. 产生购买欲望的卖点

卖点最大的作用是要让顾客产生兴趣和购买欲望，每个商品文案都需要有一个核心卖点。如果有很多卖点，不能突出主要卖点，会导致消费者视觉疲劳。因此，在写卖点时只要选出最重要且顾客最关心的一个就好。

寻找卖点涉及客户洞察、竞争分析和产品设计等多方面，可以从商品的功能、场景、感官、价格等角度去分析商品的最大卖点。

（1）功能卖点

对消费者来说，商品功能卖点就是该商品的作用是什么。如士力架这类功能性产品的卖点多数为功能。"潮酷运动不能饿着来，肢体动作意识流，跳着跳着变没型。想要和#王俊凯士力架代言人#一样运动更有型，那就来条士力架，一起横扫饥饿吧！"这则文案主要是强调士力架的功能卖点：提供高能量。

（2）场景卖点

场景卖点即该商品在什么样的场景下最容易让消费者产生兴趣与购买欲望。比如羽绒服多为寒冷地区的人们所喜爱，也为极地考察人员所常用，在严寒地带作业或旅游以及普通登山考察等场景能激起消费者的兴趣和购买欲望，这些都是商品的场景卖点。

（3）感官卖点

感官卖点即刺激人的感官以产生兴趣与购买欲望，包括视觉、听觉、味觉、嗅觉、触觉等。比如坚果、糕点等美食类商品的文案经常用该方法来刺激人的感官，让消费者产生购买欲望。

（4）价格卖点

价格卖点体现在价格定位是价值，价值则是服务、品质、品牌、包装等因素组合在一起，带给消费者的超高性价比体验。当然，价格最低化也确实是不错的卖点，它抛弃所有其他特性，只保留低价，这也是消费者最关注的核心卖点。

### 3. 消除购买顾虑的证明点

消费者对商品产生兴趣和购买欲望后，会考虑购买风险，此时就需要通过一些证明来体现商品的可靠性。假设一款洗发水有两个文案：A：“这款洗发水我爸用了说效果好”；B：“这款洗发水××（某国际名人）用了说效果很好”。毋庸置疑，大部分人对 B 文案的相信度会比 A 高，因为国际名人更具有说服力。所以，可以通过以下方式突出专业和增强消费信心：

①与一些权威机构合作、名人背书或国家认证等都是证明可信度和真实度的方式。

②和同行对比，从细节处告诉消费者自家商品更优质。

③用专业知识，告诉顾客如何判别商品品质。

④彰显地位，用“全网第一”“类目 Top5”“全网最畅销”等词汇。从营销角度看，该方法可以抢占顾客内心制高点，暗示顾客自家商品很靠谱、很权威、很受欢迎。

### 4. 促使下单的转化方式

刺激购买行为的关键一步是要写出“让客户马上下单购买的理由”和“该产品的购买方式”，以防止订单的流失和提高转化率。在当前注意力被大量信息分散的时代，假如有 100 个消费者产生购买欲望，三天后还会想起该文案并购买产品的估计不会超过 80 个。所以，可以采用限量、限时优惠、店周年庆等方式，让消费者有马上购买的理由。很多商品文案激发了消费者的购买欲望，却没有促使消费者马上下单，导致很多即将到手的订单流失，因此促使消费者立刻下单尤为关键。

### 3.1.2 商品文案的写作思路

要想写出打动人心的商品文案，可从以下几个方面思考：分解商品属性、分析目标客户、分析营销场景、分析竞争对手、突出商品特点。

#### 1. 分解商品属性

消费者选购商品时有两种思维模式：一种是低认知模式，不花精力思考；另一种是高认知模式，花费很多精力了解和思考。多数时候，消费者处于“低认知模式”，他们不去详细了解和比较，只是简单地通过一些外部因素进行判断，比如大品牌、德国产等就会促使购买。商品方案的重要作用是把消费者推向“高认知模式”，让他们花很多时间、精力比较产品，而不是简单地通过品牌和产地判断。分解商品属性就是让消费者由低认知“模糊的大概印象”到高认知“精确了解”转变。分解商品属性主要从两个方面分析：

（1）基础属性

商品的基础属性是有形部分，即在市场上出现的具体物质形态，主要表现在品质、特征、式样、商标、包装等方面，是核心利益的物质载体。

（2）功能属性

商品的功能属性是核心利益属性，即商品能够提供给消费者的基本效用或益处，也是消费者真正想要购买该产品的理由。

通过分解商品属性，找到商品1~2个核心差异点，在此基础上，围绕该差异点进行商品文案的创作。小品牌往往会详细地分解商品属性，让消费者进入“高认知模式”从而对商品详细分析。

#### 2. 分析目标客户

只有更好地了解客户，了解他们的个性、经常遇到的场景、经常接触的人、经常碰到的问题等，从而找到他们的痛点，才能写出深入人心的商品文案。因此，需要对目标客户属性进行分析，从中提炼设计灵感，得到客户需求或商品描述的方向。客户属性分两类：通用属性和特征属性。

（1）通用属性

通用属性指基础属性、经济属性、文化属性、社群属性、硬件属性、软件属性等。为获取更精准的目标客户特征，需要对每类属性进行细化，得到二级属性。比如：基础属性指目标客户的性别、年龄、文化程度、地域、行业等基本信息；经济属性指目标客户的经济状况以及消费观念，如经济收入、可支配收入、付费敏感度等；文化属性指目标客户受教育程度及正常生活的习惯爱好，包括智力水平、文化喜好、个性化需求等；社群属性指目标客户在社会关系上的诉求，包括交友需求、异性交往需求、归属需求、领导需求、合作需求等；硬件属性指目标客户拥有的设备及相关条件，包括拥有硬件设备、网络情况等因素；软件属性指目标客户对网络及软件的熟悉度，包括网络熟悉度和软件熟悉度等。

（2）特征属性

特征属性是能够为商品创造最多价值的属性，需要深入分析。特征属性通常分为两类：行为习惯特征和人性心理特征。行为习惯特征指目标客户的一些行为习惯和特点，包括空闲、忙碌，宅家、经常外出，是否爱好运动，喜欢的交通工具，时间观念等整体行为特征。用户需求的背后，是人性在发挥无形的作用。针对目标客户的人性心理特征属性分析如客户注重效率，希望快速上手，不要浪费时间；追求成就感，希望在使用商品中获得快感等。若能充分利用这些特征属性，可以促进产品战略和商业目标的实现，进而获得成功。

### 3. 分析营销场景

有人称产品即场景，也就是说由产品组成的场景成为客户发生购买行为的主要载体。不同的场景可以植入不同的产品，场景与产品已经密不可分。要根据客户的使用场景触发对应的功能及活动，激起客户购买的愿望。因此，用好营销场景可以从两方面入手：

(1) 根据时间节点

选取时间节点进行营销的优势在于非刚需客户也对营销活动有感知，甚至也会跟风购买。节日就是非常好的营销节点，比如店家习惯用红色配合喜庆的节日，红色属暖色系，对眼球有很强的吸引力，用大红色装修店铺，顾客浏览店铺页面时，容易被促销活动场景影响，无形中接收到促销或打折的优惠信息。

(2) 根据客户分类

根据不同客户的使用习惯和感知关注点，推送不同的商品和服务，最大限度满足客户需求，提升客户黏性。比如通过发放优惠券、低价购买等方式，将潜在用户变成实实在在的新用户；对还在观望中的客户，用日常打折活动的形式，吸引客户下单；对于已经下单的客户，设置一些小游戏，发放优惠券，促进客户复购，还可以推荐垂直类商品，促进客户复购。

### 4. 分析竞争对手

在相同场景下，客户不仅会接触到自家的产品，也会接触到竞争对手的商品。如何让客户关注自家的商品而不是竞争对手的？最重要的是要找准竞争对手，并突出自身商品差异点，才能获得客户关注。特别强调的是，要找同价格层级的竞争对手的产品（简称竞品），高中低端价格面临的消费群体完全不同。

(1) 选择竞品确定目标

竞品可分三个层次，即直接竞争者、间接竞争者和潜在竞争者。不同的产品阶段可以选取不同层次的竞品，如产品早期阶段，需要整体了解市场趋势、消费需求等，如果时间、精力允许，尽可能三个层次都选几个店铺，此阶段最重要的是了解直接竞争者和间接竞争者。当产品发展到一定规模时，可以侧重分析间接竞争者和潜在竞争者的产品特点。

(2) 竞品比较和分析

对于竞品分析，主要从客户习惯、核心价值、延伸服务、功能拆分等方面进行。然后需要对产品重新改观、重新认识，详细到每个细节，在细节上取得优势，例如产品的颜色、体验、包装等。在此过程中会发现竞品在某些功能上的欠缺，这很可能就是客户流失的关键，也是自家产品需要注意改善之处。

#### 5. 突出商品特点

当分析完产品属性、目标客户、使用场景后，文案思路以及突出自己产品的特点基本确定，接下来还需要一定的技巧完善文案，主要有以下几种思路：

（1）寻找顾客痛点

痛点就是消费者的基本需求与潜在需求，基本需求指吃穿住用行以及生理、心理、文化、价值等，潜在需求指在基本需求基础上衍生出来的享乐、安逸、舒适、快乐、兴奋等。寻找顾客痛点时，比较有效的办法是收集自己店铺和竞争对手店铺产品评价中负面或差评的词句并分类整理，总结出顾客痛点，并逐一分析。

（2）剖析自家商品

从功能、技术、结构、材质、工艺、规格、款式、品牌、价格、服务等维度，逐一剖析自己的商品，并与竞争对手的商品进行对比，列出胜于主要竞品的内容选项。

（3）找出商品特性

通过上述分析，找出商品具有显著优势的差异化特性，并在竞品诉求和顾客痛点的基础上，提炼出一个与竞品有明显区别的价值主张，集中力量进行宣传。

## 3.2　商品标题的撰写

商品标题必须具备使商品能被搜索到和激发点击率两大功能，一个好标题决定商品有较高的展现率和点击率，如果还满足简单易懂、涵盖精准关键词等特点，就能够大幅增加流量和订单量。在选取关键词前，最重要的是分析客户群，站在顾客角度考虑购买需求以及搜索习惯。因此，掌握商品标题的组成要素很重要。

### 3.2.1　商品标题的组成要素

标题最直接的作用就是引流，而好标题能够最大限度地提高关键词排名，提高展现次数，解决自然搜索流量问题。深刻理解标题的组建构成和各个属性的含义，选好标题中的关键词尤为重要。

#### 1. 核心词

商品名称词是商品标题的核心，也是对商品最重要的定位，它相当于树干，其他词由其延伸出来，因此，如何定义核心词会影响延伸的效果，也会影响搜索流量。比如连衣裙、西服、连体裤等，代表商品的类别和属性。

#### 2. 属性词

同样是商品最重要的描述，简单说就是商品的参数，即性能、分类、名称、型号、功能、特性等，在标题写作前要清楚商品属于哪个类目和商品的材质、特点等，比如男士T恤、纯棉、运动、大码等，都是商品属性的关键词。此外，还要了解这些属性的客户搜索习惯，当标题属性词与客户的搜索习惯相匹配，商品就能展现出来。

#### 3. 长尾词

“长尾关键词”是围绕核心词的延伸和发散，由两到三个属性词组成，能够给商品带来一定的搜索流量，虽然不稳定，但这些客户转化率很高。选择长尾词时，要根据不同的商品选择，必要时候，可利用一些工具，如淘宝生意参谋、淘宝下拉框等。选择好的长尾词，在优化推广方面，效果会更明显。

#### 4. 品牌词

品牌商品给顾客带来价值的关键是能提炼出超越商品功能本身的价值。现在平台越来越注重品牌，很多流量重点倾向品牌店铺，这样也可直接防止其他店铺跟风销售。

### 3.2.2 商品标题的优化

商品标题通常限定在30个汉字（60个字符）以内。标题是商品发布初期唯一的引流入口，所以要充分利用这 30 个汉字，每一个字都会影响流量来源。

### 1. 商品标题优化的技巧

顾客大多通过关键词搜索到店铺的商品。如果想让商品很快被顾客搜索到，就要有精准的关键词。所以要对商品进行深入了解和分析，才能选出精准的关键词，还要对关键词在标题中的应用技巧作出分析。

（1）寻找关键词

既然要通过关键词优化标题，那么关键词从何而来？以淘宝平台为例，通常有以下几种找词工具：

①生意参谋

通过选词助手，可以抓取到店铺的引流搜索词，还可以查询到行业情况，通过行业情况分析所选的关键词是不是属于优质词。通过该工具可以查询到关键词行业中的搜索热度、全网点击率、商品数等数据。

②排行榜

通过排行榜中不同类目中的飙升词，可以了解行业中具有潜力的关键词，还可以找到热门属性词和当下热门的风格，以及成交和增长情况。

③下拉框

下拉框是比较热门的长尾词以及行业中的标签词，手机端和 PC 端都可以使用。

（2）选取关键词

找到关键词后，使用表格记录下来，然后开始选词。选词的原则包括满足相关性和满足高展现，还要选择点击和转化相对较高同时竞争度小的词。在选词时，需要记录词的展现量、点击率、转化率等数据，为后面调整关键词做准备。

（3）组合关键词

把整理好的关键词进行组合，再次抓取数据，找到精准的长尾词；然后开始组合标题，可以按以下规则进行组合：品牌词+营销词+属性词+核心词，要紧密排列，尽可能减少空格的使用。

（4）测试关键词

在组合推广等工作完成后，需要一段时间测试数据再做进一步调整。可以利用一些工具抓取标题关键词的表现情况，从而为下一步调整关键词做好准备。

（5）调整关键词

在测试完关键词后，根据数据反馈，选择一些优质关键词替换原有标题中表现不太好的关键词，从而达到扩大展现的目的。

## 2. 商品标题优化的误区

（1）关键词堆砌

标题的关键词堆砌是指店铺为使发布的商品引起消费者关注，或能使更多的顾客搜索到发布的商品，而在商品标题中滥用与本商品无关的词汇，扰乱正常运营秩序。比如卖靴子，使用靴子、长靴、长筒靴、高筒靴、雪地靴、平跟靴、平底靴等多种关键词堆砌，有些关键词与商品关系不大。因此，关键词的使用必须注意“度”的把握，要注意以下几点：

①关键词数量适度

为吸引流量，在标题中加入过量热搜关键词，甚至加入有冲突的关键词，非但不能提升流量，还会被搜索引擎判定为关键词堆砌作弊，连正常的关键词流量都会失去。

②关键词热度和竞争度适度

关键词的选择要因店铺而异、因商品而异、因时间而异，必须根据商品的竞争力选择热度和竞争度适当的关键词。在竞争力较弱的新商品标题中加入大热的关键词对引流根本无益；相反，在竞争力很强的商品标题中缺少必要的热搜关键词，又是严重的浪费。

（2）滥用符号

有些店铺会在商品标题中随意使用符号，一般说来这些符号会被搜索引擎直接忽略或等同于空格，会导致搜索结果的权重下降。因此，滥用符号对于商品标题无益，只需要在断句处加入空格即可。

（3）重复使用标题

有的店铺有较多的同质商品，对不同商品使用高度相似甚至完全相同的标题，尤其是很多经验不足的店主会直接抄袭同款销量高的商品标题，重复标题容易被判定为重复铺货作弊。

（4）滥用品牌词

不要试图去“蹭”非经营品牌的关键词流量，否则容易被判定为作弊而降权；而且商品根本不是顾客需要的商品，“蹭”来的流量转换为成交量的可能性非常小。例如店铺销售的商品不是耐克、阿迪，标题却出现耐克、阿迪等品牌名词就不合适。

在编写商品标题时，要注意以下几个要点：一是内容要简明扼要，便于阅读；二是标题中字符要通俗易懂，准确清晰传达商品信息；三是突出商品材质特性或卖点；四是尽可能包含具体商品属性词，以及顾客搜索时的关键词。

### 知识拓展

#### 商品标题优化公式及实例分解

标题设计是商品销售很重要的环节，因为它承担了一部分搜索匹配的工作。标题中含有越多关于该商品的买家搜索关键词，商品被搜索到的概率越高。同时，标题还起到在用户查看商品时的注释作用，尤其是在商品列表页，客户通过阅读商品图片和商品标题，判断要点击哪个商品。尤为最重要的是，淘宝限制了标题的字数是 60 个字符（30 个中文字）以内。

怎样利用好这个有限的资源呢？可以参考以下公式：商品价值关键词+商品商业关键词+商品属性关键词。下面具体解释一下这个标题公式：

1. 商品属性关键词是表达商品分类、名称、型号、功能、特性的关键字。这个类型的关键词，主要是为了满足客户的搜索。具体的写法可以采用家族排列法，例如一条裙子：它的一级目录是女裙，二级目录是连衣裙，三级目录是毛呢、连衣裙，四级目录是冬裙。那么这个裙子的商品属性关键词就是：冬季女装毛呢连衣裙。使用这个属性关键词后，不管客户搜冬季连衣裙，还是毛呢连衣裙，又或者是冬季女装，都能被该标题涵盖在内。具体家族目录可以根据自己的商品具体情况制定，只要把家族式的目录层级梳理清楚，商品属性关键词就会很完善，很少再有疏漏。

2. 商业关键词是表达经营手段或者促销行为的词语。例如：包邮、买一赠一、满就送、秒杀等等。具体可以视店铺活动而定。

3. 价值关键词是商品给客户带来的价值。其实，每种商品都能给客户带来价值，关键是要提炼出能够超越产品功能本身的价值。例如：年轻 10 岁、老公眼里只有我、办公室最亮丽的风景等。

（来源：《最强宝贝标题优化公式教你打造爆款宝贝》，http：//www. maijia. com/news/article/237636/，2021 年 3 月 12 日引用）

# 3.3 商品详情页的构思与设计

商品详情页关系到店铺商品能否成功交易，是提高转化率的入口，能激发顾客的购买欲望，树立顾客对店铺的信任感，打消其购买疑虑，促成交易。因此，打造优质的详情页，前期需要花较多的时间去调查、构思，确定好方向，然后再做设计。

## 3.3.1 商品详情页的设计原则

好的详情页不仅要美观、有风格，更重要的是符合顾客的需求，要学会给顾客做定位和分析顾客心理。

### 1. 首屏聚焦原则

首屏聚焦原则可以迅速抓住消费者目光。首屏聚焦就是在第一屏第一时间抓住消费者眼球，让他们产生继续看下去的兴趣。因此，必须在第一屏就提供最容易引起消费者注意的信息，比如：

（1）差异化信息

人的注意力有一个特点：容易被与常规信息相比有较大差异的信息所吸引。所以如果店铺的商品与常规商品相比存在明显差异，一定要在首屏突出强调，比如可以从功能、材质、价格、款式等方面打造差异化。

（2）利益相关信息

与切身利益相关的信息消费者一定会看，不管多么千篇一律，都可写上去。需要思考的问题：产品为什么能解决你的需求？解决哪种需求？靠什么解决？哪些是别人没有的？比如："怎么刷也不会牙龈出血，××牙刷柔软呵护。"说明该产品解决客户牙龈出血的问题，与客户利益直接相关，更能触动客户的购买欲。与顾客利益相关的信息还有假一赔十、无效全额退款、7天无理由退换货、××保险公司质保、当天急速顺丰，以及一些活动优惠信息、流行信息如2020年最流行款式、全网热销××件等。

（3）预期信息

打开详情页后，商品符合顾客的心理预期，顾客才会愿意接受并下单购买，因此，需要设身处地思索顾客搜索店铺商品时期待看到什么。比如商品是"森系连衣裙"，那么首屏就应该是扑面而来的小清新气息，如果再有一个清纯风的模特穿着连衣裙在草地上转圈，大概率会更能满足顾客的预期，他就会继续看下去。

### 2. 价值塑造原则

通过详情页塑造价值，让顾客产生购买该商品很值得的想法，这种价值不断叠加就能达到提升转化的目的。如何做到塑造商品价值？可以从商品的基本点出发，比如材质、款式、产地、服务、卖点等，当然这都需要建立在商品基础上，不能过分夸大，否则会出现源源不断的售后问题。

（1）产品价值

通常情况下，商品详情页都会突出产品本身的价值。可以从以下方面着手考虑：一是突出产品的功能，产品价值体现在具体功能上。比如洗衣机是洗衣服的，就说该洗衣机可以比其他洗衣机更快更好更有效地把衣服洗干净；如果突出羽绒服的保暖功效，就应该说明材质有多保暖，如果突出款式功效，就应该说明有多时尚等。二是突出产品给顾客创造的感觉，一种身临其境的感觉。如某种风格的裙子，顾客需要一种在海边度假的感觉，那么就要在详情页中把这种感觉塑造出来。三是突出产品的参与感，通过具体描述制造参与感，将参与的过程描述出来。比如旅游产品，要把特定的形式描述清楚，告诉顾客要参与什么内容。

（2）附加价值

附加价值是让顾客放心的原因，他们愿意为了一些附加价值多付钱，这是购买时很重要的理由。可通过以下方式创造附加价值：一是更多的服务，比如免费送货上门、免费安装、各种售后服务、一对一的客服辅导，这些虽然不计入商品本身价值，但会成为顾客选择商品的重要内容。二是更安全、更耐用，让消费者不会有后顾之忧，买得放心，用得长久。三是更轻松，可以让消费者更轻松、更省心省时省力地购买。

（3）品牌价值

如果是知名品牌，可以把相关证据摆出来，比如授权书等，此外还有包装、物流、企业规模、获得奖项等带来的品牌形象价值，都会影响消费者的购买决定。

### 3. 场景带入原则

在设计详情页时，应尽可能地通过场景化设计，将消费者“置身于”特定的消费场景下，让他们的需求迫切起来，促进转化。需要做到以下几点：

（1）给目标顾客群画像

每个产品都有特定的顾客群，这些顾客群的特征会随产品价格、购买时机、产品卖点等多方面因素变化，而分析这些顾客群特征最可靠的方法是有足够的数据，然后通过统计分析获得。但很多时候我们只能靠对行业和产品的了解程度进行经验分析，因此选择某行业或者某类产品时，首先要保证是熟悉的行业，最好自己也是这种产品的消费顾客群。

（2）考虑特定的应用场景

以运动女鞋为例，很多女生喜欢运动，经常打球、爬山等。因此，对这类消费人群的画像就是阳光、运动、活泼，在详情页设计中，应尽可能涉及这些元素，将消费者带到她们设想的场景中去。

（3）确定场景化的方式

在设计详情页时，把消费者带入场景的方式就是图片、视频以及文字。依然拿运动女鞋为例，如果用图片和视频展示，那么模特图就应该在特定场景下，或加上特定元素，使目标消费者产生场景联想。如果用文字展示，就应该把特定的场景描述出来，唤起目标消费者在特定场景下的情感共鸣。

### 4. 卖点强化原则

卖点是商品最具竞争力的特点，可以强化消费者的记忆点。首先要明确卖点并不是只突出一个，其他都忽略掉，而是应该强化一个核心卖点，其他是辅助卖点，辅助卖点要尽可能地强化核心卖点，如果无法强化，那么核心卖点应该在前面且占较大篇幅。不断强化一个核心卖点，实际上是在通过差异化、重复性等让消费者记住，并且深刻地感受到。

比如一款秋冬连衣裙，有着收腰瘦身的廓形，其主要特点包括：精选羊毛面料、竖条螺纹针织设计、堆堆领设计、精湛的针织技术、时尚的收腰腰带。店铺在设计该产品详情页的时候，可把每一个卖点都通过图片+文案的方式体现出来。描述如下：

精选羊毛面料——毛质卷曲厚实，手感柔顺舒适。既保暖，又不容易变形，为该款连衣裙持久的收腰效果打下坚实的基础！

竖条螺纹针织设计——配以优质的面料，使该款连衣裙具有非常好的弹性，自由伸展，无论何种身材，收腰效果都收放自如！

堆堆领设计——大方简约的剪裁带出摩登时尚的视觉，简单的搭配带出极强的收腰效果！

精湛的针织技术——更加细致均匀、纹路清晰，不易变形，让你拥有持久清新的收腰造型！

时尚的腰带——时尚的腰带收腰设计让你在举手投足之间充满时尚感！

每一个卖点再配上一个细节图，五个卖点一个不缺，全部展现出来了。当然，细心的应该能发现更关键的一点：这五个卖点，一直在强化辅助一个核心卖点——这款连衣裙的收腰效果。

这就是卖点强化：提炼核心卖点，用辅助卖点对其进行强化。

### 5. 速战速决原则

如果消费者一直看到详情页最后，没有跳失，至少说明消费者对该商品感兴趣，还没有下单，可能还有一些异议，这时通过有效的活动设计，制造紧迫感，对于促进消费者转化效果会更好，比如下面的做法：

（1）限时送东西

设计限时送东西活动时，常用的方式有：一是每天限定时间段，只要在这个时间段成交的客户，都有赠品，比如“每天中午 11 点至下午 1 点购买的客户可以获得×××”。二是限定在下架周期前，比如“×月×日×时前下单的客户可以获得×××”。

（2）限量送东西

限量送东西活动有两种常用做法：一种是前多少名有赠品。比如“购买毛衣，送价值 98 元的手套一副（实际价值可能在 10~20 元），限前 50 名购买者”。另一种是限定赠品数量，送完为止。

（3）阶梯式返现

最好不要频繁修改价格，因为每次修改价格都可能导致搜索引擎重新收录，导致降权。那如何实现阶梯式涨价？可采用阶梯式返现的方式。比如：1~10 名，返现 50 元；11~30 名，返现 30 元；31~50 名，返现 20 元；51~100 名，返现 10 元；101 名及以后，原价。

## 3.3.2 商品详情页设计流程

### 1. 确定页面风格

页面风格要根据产品本身确定，如产品属性、功能等。如果产品没有特定的风格属性，可以根据目标消费人群、季节、节日或活动主题等确定。

### 2. 搜集商品素材

对前期商品实拍的素材，进行整理和分类。同时，设计师日常也要整理搜集，并建立自己的素材库，每个优秀的设计师都会存储大量的设计素材。

### 3. 构建布局框架

根据文案内容，结合实际的商品，进行有效布局，可以从下面八个方面进行操作：

①产品海报——引起顾客注意；

②产品全景——提升兴趣；

③痛点挖掘——拉近客户；

④卖点优势——体现产品价值；

⑤产品属性功能——提升兴趣，了解产品；

⑥产品细节展示——提升兴趣，了解产品；

⑦检测报告——建立信任；

⑧好评分享展示——进一步强化购买欲望。

### 4. 确定配色方案

如果已经有店铺视觉规范，可以直接延续使用；如果没有，可以从产品本身提取，或者从 LOGO 中提取，还可以从商品联想属性提取。

### 5. 选择字体类型

字体相当于一个桥梁，主要用来对产品进行解释说明，方便顾客阅读，同时其也是重要信息的引导。需要注意的事项：

①一般不超过 3 种字体。

②重点部分加粗突出。

③字体颜色的深浅，不要太复杂，以免影响阅读。

④选择符合产品定位的字体。

⑤字号大小使用得体，不宜过大或过小。

### 6. 排版设计制作

简约大气的页面，元素务必不要太多，清爽舒适的页面多留白，可以参考优秀案例，多借鉴和学习、多总结，扩展想法、拓展思维，建立店铺独有的设计风格。

### 7. 修改与优化

输出详情页首稿的图片格式给大家讨论审核，如不符合要求，进行局部修改；

也可以参考不同的意见进行优化处理，直至定稿保存为止。商品的图片像素高度可能达上万，而在网上浏览的图片只需几十兆，否则网络加载速度慢，客户体验差，因此要进行图片切割优化。

#### 8. 上传店铺

所有工作完成后，就要把详情页图逐一上传到店铺的图片空间，在发布新商品时，就可以使用这些详情页图片。

详情页完成后，还需要结合询单率、停留时间、转化率、访问深度等数据进行不断优化。对于新手来说，最好的方法就是收集同行业销量前几名的详情描述页，分析他们的布局文案构成，先模仿后创作。

### 3.3.3 商品详情页设计的技巧

#### 1. 色彩、图片、文案的搭配

产品图片必须高清，突出产品的真实度和美感，图片的尺寸不宜过大，否则容易使客户在视觉上产生不适。在商品细节处可以采用鼠标悬停放大展示，让客户在使用过程中既能感受产品整体美感，也能了解产品的细节。

假设店铺确定整体是蓝色风格，那么在做详情页的时候，就以这个蓝色作为统一色调，不需要太花哨，一般一个详情页的色彩不超过 3 种。在文案表达上，也需要不断优化，用最简洁的文字描述即可，同时配合营销。

#### 2. 产品图片方式

大多数消费者选择产品的时候，最主要是看产品展示部分。所以在这个板块中，要让消费者对产品有一个直观的视觉效果体验。而最直观的展现方式就是图片，分摆拍图和场景图两种。

(1) 摆拍图

摆拍图往往能够最直观地表现产品，且拍摄成本相对较低，大多数店铺都能实拍，基本要求是把产品如实地展现出来，走平实无华的路线，也最能打动消费者。但实拍的图片要注意突出主体，根据产品的特点，选用纯色背景，并讲求干净、简洁和清晰等原则。摆拍适合数码、鞋、包等商品，因为这类产品本身体积较小，若采用模特拍摄容易产生喧宾夺主的效果。

（2）场景图

场景图更多地体现为烘托氛围，引导消费者购买。相对于摆拍图，场景图的拍摄通常需要较高成本和一定的拍摄技巧。一张好的场景图，往往能恰到好处地展现并衬托出产品的价值。场景图更适合有一定经济实力，并有能力把控产品展现尺度的店铺。因此，场景图的运用是一把双刃剑，恰当且合适的图片及文案引人入胜，能抓住顾客的痛点及痒点，促进订单成交；但运用得不好，反而会增加图片的无效信息，导致顾客注意力分散。

### 3. 细节展示技巧

在产品展示模块中，顾客可以找到产品的大致感觉，细节是让顾客更加了解产品的主要手段，顾客只有在熟悉产品后，才能作出最终决定。

（1）做好产品细节、材质等展示

产品细节及材质等展示，吸引的是对产品真正感兴趣的精准顾客。对产品感兴趣的顾客可能并不少，但目标是有购买意向的顾客。可以说，顾客最终决定是否下单，细节展示起关键性作用。

（2）做好产品功能展示

产品功能展示是产品细节的有效补充。通过功能的展示，能大大提高顾客对产品及价值的认知和肯定，使顾客充分了解产品带来的好处及利益。但这对图片及文案处理能力的要求比较高，可根据自身的能力及产品的展现做适当处理。

### 4. 产品规格参数展示

产品图片虽然能直观展现产品，却不能完整地反映产品的真实情况，如产品大小。因此，可以加入产品规格参数板块，让顾客对产品有完整以及相对正确的判断，尽量避免顾客收货时产生心理落差。

### 5. 顾客评价详情

显示销量截图，不如展示好评详情，因为顾客更愿意相信其他人的实际体验。客观的好评能提高顾客对商品的认同感，使潜在客户对产品的质量和效果更有把握，提升顾客的消费信心，促进产品成交。因此，顾客评价能起锦上添花的作用。

### 6. 关联销售和推荐单品

有时顾客在浏览商品时，会由于某些细微因素放弃或无法选择某件商品。如果及时将相似的商品推荐给顾客，就能在一定程度上弥补顾客的遗憾，并且节省顾客搜索的时间，这项功能有助于提升商品的成交率。如果设计关联销售，所选的商品一定要相关联，而且应该是当季比较热门的，这样才能带动其他商品的销量；也可以选择店铺性价比最高的放上去关联，吸引顾客购买。

**知识拓展**

**教你写出爆款商品详情页**

产品介绍、商品详情是几乎每个市场营销人员都会面对的工作。作为产品对外的传播物料，直接影响到了产品的转化，若是电商渠道更是直接影响产品销售额。写产品详情之前需要知道：

（1）用户心理路径

所有用户购买使用一件产品都会经历几个阶段的心理变化，不同理论的划分都大同小异，但如果从用户角度出发，我们能把它简化为：产生兴趣——利益联想——获得认同——转化购买——分享推荐。这五个阶段中前四个阶段，用户可以通过商品详情页面文案及设计来处理解决，特别是中间三个阶段。而最后一个阶段则更多是靠产品体验超出预期、售后运营手法来完成。

（2）用户体验思维

详情页一定需要通过用户的角度去设计文案和画面，而不能通过单方面强调自身产品优势的口径去表达。所有产品都是以解决用户需求为前提的，我们更多需要思考产品优势与用户痛点之间的对应关系。另外，如果把商品详情本身也看作一个内容产品的话，它也是需要符合用户的浏览逻辑。简单来说就是：从用户角度出发，需要传达的应该是，我们给你的是你的某些需求解决方案。

下面从商品详情页/活动详情页引起用户心理变化的几个阶段来进行分析：

问题一：如何让用户产生兴趣？

严格来说，用户对一个产品产生兴趣是多维度推广所引起的。很简单一个道理，假如朋友圈有人在转一篇文章，你可能忽略了，但如果朋友圈隔两三个人就在转，你肯定就忍不住点进去看看。如果把详情页单独当成一个产品，如何通过开头，吸引用户有兴趣往下翻，持续浏览？其实，人性总是不变的，吸引人的永远是一些惊悚、有趣、与自身利益相关的事情。下面以牙刷产品为例讲几个常见的详情页开篇技巧：

（1）形成冲突性观点

通过列出剧烈冲突性观点的句子，引起浏览者的关注。如："90%的人都不知道，他们竟然不会科学刷牙""你的牙刷如果有这些特征，那你就得小心了""用这类牙刷，还不如不用"。通过这类冲击力强的句子作为开头，可以有效抓住浏览者，让他有兴趣往下看产品信息。

（2）重磅知识普及

通过相关统计数据、冷门科学知识的普及，告诉大众一个通常被忽略的重要事实，用户自然就会产生兴趣。如"据统计，每三个人中就有一个人用错牙刷""刷牙不当竟会导致××后果""研究表明，××病竟是由刷牙不当引起"。用这种方法基本上屡试不爽，但是知识要够冷门、够分量并不是那么好做到的，其更适合需要一定程度用户教育的产品品类，同时需要科学依据支持。

（3）痛点提问

在以往操作的案例中，这一类详情页一般都以"你是否也有以下烦恼"之类的句子作为开头，然后提及用户日常的痛点问题，一般涵盖产品体验痛点、日常顽疾杂症等。如"为什么每次刷牙都牙龈流血""为什么吃什么都会上火""因为牙齿，你是不是不敢开怀大笑""你是不是因为牙齿问题，不敢在公开场合大声说话""用了这么多年牙刷，你真的用对牙刷了吗"，这一类的开头风险点在于——你的痛点问题很可能并不痛，这就考验作为品牌方对消费者的洞察。

（4）重要利益点

这种方法是在开头就给予承诺，一般适合较为强势、对产品自信的品牌。比如咪蒙的“听课三年不加薪50%退款”，某些瘦身产品的“××个月不瘦退款”，包括各种线上课程的“××天学会××”。而这种风险点就在于，容易给售后带来压力，而且如果承诺太过夸张容易引来公关危机及产品投诉。如果掌握不好尺度的话，不要轻易尝试这种方法。

问题二：如何让用户感觉自己利益与产品相关？

在“吸睛”之后要迅速切入正题，让产品与用户利益之间发生联系，如不是需要用户教育的产品，切不可浪费过多的精力做科学普及，那样只会增加用户的流失率。这个阶段解决的问题是：我们怎么解决你的痛点，为什么能够解决。大多数详情页都是用产品思维在写详情页，特别是偏技术类的产品。

典型错误的文案逻辑：我们有什么特点——这些特点比其他人更牛——你可以买我。错误示范：“××科技超细牙刷毛，比普通牙刷细×倍”“××科技超细牙刷头，360度刷牙无死角”。

正确的文案逻辑：解决你什么需求——我们靠的是什么——这些别人都没有。正确示范：“怎么刷也不会牙龈出血，××科技超细牙刷毛”“把别人刷不到的地方刷干净，××科技超细牙刷头”。

一般而言，一个产品介绍中主要卖点就1个，多了用户也容易困惑，而且主打卖点不聚焦也会造成推广认知上的低效。辅助卖点可能会有3~4个，为的是形成附加价值，一般是由设计外观等次要特色辅助实现。通常这部分的卖点文案风格需要与品牌风格统一，如果需要突出科技感可以适量用专有名词、数据作为标题，如果需要提高调性则可以用一些文艺范的词，如果是大众消费品可以写得更通俗甚至使用一些口头语。

问题三：如何让用户认同你的产品？

详情页到此部分一般就接近尾声了，需要消除用户的心理障碍，给予用户安全感与信任背书，实现销售转化前的临门一脚。

（1）名人背书

名人背书如果有，一般会出现在详情页的前半部分。这里需要说明的是，名人不一定非得是代言人或推荐人，也不一定需要为产品背书，他可以为产品的技术、行业背书，这都可以拿来为自己产品增加公信力。当然有时会存在版权问题。还是拿牙刷来说：“全球牙医第一人×××博士说，×氏刷牙法能有效保持口腔卫生，而××

牌牙刷是为×氏刷牙法优化定制”。这样名人的背书与产品的优势就联合起来了，产生更多可信赖感。当然最好的方式是权威人物直接推荐产品。此外，名人不一定非得是个人，还可以是权威组织、国家、高校等具有公信力的机构。

（2）数据背书

这里所说的统计数据更多是用户使用效果的统计数据，具有公信力的统计数据往往来自第三方机构。比如我们耳熟能详的汰渍广告，通过对比不同洗衣粉的去污能力，然后把结果数据化或者视觉化；同样还有舒肤佳的广告，对比洗手除菌效果，并通过数字及视觉呈现。数据对比的维度很多，既可以使用前使用后对比，也可以与竞品对比。

（3）用户案例

列举成功的用户案例是最有效的方法，因为普通用户的正面反馈可以极大增加其他用户对产品的信任感。用户故事的挖掘和撰写又会牵扯到种子用户的运营及社群、客服等运营手法。

问题四：如何有效促成转化？

其实详情页的主要功能是传达产品信息及卖点，消除用户与产品之间的信息不对称。以准确传达为准，最终销售转化更多在于用户对于产品功能和价格的理性思考。下面的技巧都是有心理学依据的：

（1）竞品价格对比

与竞品之间对比价格，其中竞品既包括直接竞品，也包括解决同类需求的产品。仍以牙刷为例，如果是传统牙刷，那么竞品不仅有其他牙刷品牌，也会有电动牙刷，甚至也会有漱口水等其他产品。此时，只需要抽出对比结果看上去对自己有利的产品进行对比即可。

（2）价格均摊

把现有的价格均摊到更小的时间中，这个是目前较为常用的方法。比如100元买一个普通牙刷，可以用3个月。听上去并不便宜，但如果均摊到每一天，就相当于1元1天，听上去就没那么贵。如果再进一步拔高，1元1天就能拥有口腔健康，那好像就挺划算。

（3）价格转化

把价格转换成其他物品的价格，比如30元就能转化成一杯咖啡的价格、一场电影的价格，100 元就能转化成一场 3D 电影的价格，等等。如果说 100 元一只牙刷，不如说一场 3D 电影的价格帮你解决口腔健康难题。这样用户就会更容易接受。这个技巧与价格均摊的方法结合起来用，效果更佳。

（4）促销活动

有促销活动的话就一定要突出优惠的对比，原价多少，现价多少，还有多少赠品福利。促销活动需要仔细观察数据，衡量成本和收益。其中可以用的手法还有限时特惠、前××名福利、拼团福利等细节手法。

（来源：《一篇文章教你写出爆款商品详情页/产品介绍》，https：//www. sohu. com/a/225238061_487503/，2021 年 3 月 20 日引用）

## 实战训练

### 网店商品文案的策划

**【实训目的】**

1. 学会利用文字及有关方法，对商品进行精心描述。
2. 了解商品数字化的工具和主要使用方法。

**【实训内容】**

1. 梳理出商品的描述要点。
2. 策划商品标题的撰写。
3. 为商品标题选择合适的描述结构。
4. 运用叙述技巧完成商品描述文字。

**【实训思考】**

1. 思考优秀商品标题的构成有哪些。
2. 列举出优秀的商品文案由哪些要素构成。
3. 根据相关数据对商品文案进行修订和调整。

**第 4 章**

# 商品定价规划与策略

## 4.1 商品定价规划与方法

网店竞争越来越激烈，合理的价格可以获得更多客户，否则商品销不出去，货物积压会妨碍店铺经营；而且恶意的低价竞争不仅赚不到钱，也使经营网店的积极性受挫。因此，商品定价对网店后期发展影响很大。如何合理地定价，实现店铺利润最大化是值得每个经营者思考的重要问题。

### 4.1.1 商品结构规划

每个店铺商品很多，每件商品都有其自身的意义，首先要将店铺的商品按销售目的进行分类，做好商品结构规划。最常见的商品结构规划是五大矩阵规划，即引流款、日常款、活动款、利润款、形象款。这五类不同的商品在店铺中担任不同的角色，发挥不同的作用。

#### 1. 引流款

引流款，有时也称爆款，是每个店铺的必备款，首要效果是为店铺引流，吸引更多有意向的顾客，其应具备这样的特征：

（1）款式必须大众化

款式越大众化说明市场需求越大，如果是非常个性化的款式，说明这类商品的市场需求本身就很少，不适合作引流款。引流款有个前提条件是建立在店铺定位基础上，不要为了选择引流款而脱离店铺定位，如果脱离店铺的定位反而会对店铺顾客群产生负面影响。

（2）价格具有明显优势

引流款要承担起店铺大部分流量的引入，又是大众款，竞争也会比较大，所以要想在竞争中脱颖而出，需要有一定的价格优势，性价比一定要高。当很多人都在卖这款的时候，如果价格上没有一定的优势，很难吸引流量进来，尤其在最初阶段往往是用低价促进成交把销量做上去。

（3）供货必须稳定

供货一定要稳定，不会轻易断货，如果供货不稳定，不适合用来作引流款。因此，爆款必须有一定的库存量和供货能力，其走量是很快的，如果库存只有几百，生产能力一天只有几十件，当流量跑起来一天有几百单，一下断货就前功尽弃了。

### 2. 日常款

日常款也是店铺商品结构规划中必备的一大类，一般是款式最多样性的。日常款本身会根据实际情况发生变化，比如可以在引流款要衰退的时候变成引流款，也可以在做活动的时候变成活动款，甚至必要时候还可以成为利润款等。同时很多时候日常款也是围绕引流款展开，例如引流款可能没有满足引进流量中的某一类顾客群的需求，此时就可以拓展日常款，尽量满足顾客的需求。

### 3. 活动款

一般来说，活动款在店铺做活动时使用，特别是整理库存或在某些方面做活动。店铺的活动基本上都是短平快，两三天迅速迸发销量。做活动有三个意图，整理库存、冲销量和体验品牌。

（1）整理库存

库存产品大多是样式比较陈旧或者尺码不全的，比如一些大品牌会经常提供1~3折间的商品给顾客抢购。

（2）冲销量

活动款要有供应链的优势和保证，特别要注意的是不要因为降价促销带来负面作用。有很多商家因为没有评估分析这方面，导致一次活动后流量大幅下滑。

（3）体验品牌

这是活动款最应该具有的效果，一般活动款都是大众款，要让顾客真正感受到活动折扣与平时基础销量价格的落差，让他们有购物的欲望和冲动。

### 4. 利润款

利润款是赢利最高的产品，主要用来创造高利润，一般来说，利润款具备以下特征：

（1）一般是小众产品

这类产品明显倾向于某一类顾客群的需求，这类顾客群喜欢寻求个性，追求独特卖点。也正因为是小众顾客群的产品，很难靠这类产品创造销量，其也很难成为主要引流款。

（2）市场竞争比较小

对于利润款的营销策略，一定要先做好目标顾客群的数据分析，精准分析出产品符合什么顾客群的需求，再详细分析样式、规划风格、价格区间、产品卖点等，必须以精准的方式切入，重点考虑顾客群特性，一切以目标顾客群为中心。

### 5. 形象款

形象款是支撑店铺调性和信任感的产品，也是高质量、高调性和高客单价的极小众产品。这类产品对于提高店铺的整体形象和质量，以及吸引消费者眼球和浏览发挥很大效应。

以上是商品结构规划最常见的五大类，但它们不是一成不变的，不同款之间也会相互转化。例如引流款在特定情况下可能会突然变成活动款，日常款可能也会成为引流款等，这都要根据实际情况进行调整。商品结构划分并不是一定严格把商品分为哪一类，真正的目的是要有整体布局观，多角度定位商品角色，让它们在各自领域发挥作用，以便做到整体利益最大化、风险最低化。

## 4.1.2 商品定价影响因素

价格是产品营销的灵魂，是影响消费者行为的重要杠杆。顾客最终选择哪个店铺的商品很大程度上取决于价格。对于店铺来讲，影响商品价格的主要因素有三个：商品采购成本、竞争对手价格、客户心理价位。

### 1. 商品采购成本

质量是影响商品价格的重要因素，品质高低直接影响定价。商品的生产成本包括原材料、研发制造经费、运输成本、工厂所得利润等方面，采购成本高的商品稍加利润，再加上包装费，价格就一定不会低。

### 2. 竞争对手价格

考虑竞争对手的竞品价格，形成竞争优势很重要。当搜索某商品后，会出现很多相似的竞争对手商品，这些商品的价格是我们定价参考的依据。因此，定价时要考虑市场上同类商品的价格，仔细权衡后为自己商品确定合适的价格。

### 3. 客户心理价位

客户的心理价位是根据商品给客户带来的应用价值进行定价，主要看它在客户的心里是实用价值还是观赏价值，或者是虚荣心的表现价值。比如一个杯子，客户觉得这个杯子值 3 元钱，表示客户的心理价位就是 3 元，这样的简单杯子不需要品牌，只要保证质量，能装水喝水就好。但如果这个杯子除喝水外，还可以用来观赏，带来美的感受，甚至可以拿去炫耀，那么这个杯子的心理价位就比较高，可以定价十几元，甚至几十元。

虽然价格有三个主要影响因素，但在不同时期，三个因素不是同等重要的。在某种特定时期，三种因素有一种为主体，另外两种为辅助来确定价格。如果以成本为主，就是成本加成的价格体系，它是以成本为确定价格的主体，客户心理价位以及竞争对手价位只是参考；如果以客户心理价位为主，则根据商品的应用价值进行定价，价值高的商品价格就高，跟成本几乎没有关系。

## 4.1.3　商品定价方法

根据上面成本、竞争和顾客的定价思维，有两种定价逻辑：一是成本导向，即产品→成本→价格→价值→顾客；二是价值导向，即顾客→价值→价格→成本→产品，这两种逻辑都是可以参考的定价思路。在具体定价中，有如下常见的定价方法。

### 1. 成本加成定价法

成本加成定价法是按产品单位成本加上一定比例的利润制定产品价格的方法，也就是在产品总成本上增加一部分盈利。大多数企业都是按成本利润率确定所加利润的大小。总成本主要由以下几方面构成：

（1）直接成本

产品的直接成本包括产品进价、运费、仓储、打包、人员管理等成本和费用。首先考虑的是商品自身的成本，如果有库存，还要考虑库存成本。小店铺暂时不需要考虑员工成本，对于中上规模店铺，要把员工成本考虑进入定价。此外，还要考虑邮费成本、打包成本等。

（2）售后成本

根据退货率、产品破损率、客户维系方案等情况，给产品增加一项售后成本，通常的做法是把一次发货费用均摊到每件商品中去。

（3）营销推广成本

经营中还有必备的营销推广成本。随着平台各项优惠模式的出台，单品级优惠、店铺级优惠、跨店级优惠有时可以叠加享受，促销期很容易亏损，所以务必提高产品成本的核算。

（4）平台成本

平台成本主要是平台的扣点和会员优惠扣点等，另外还有加淘宝客、直通车、钻展费用等付费推广手段，商品定价如果考虑不周全，会导致后续推广乏力，没有引流能力。

最后，核算产品成本后，根据产品在店铺中的定位加上相应的利润，比如主推款利润>20%，活动款利润>10%，形象款利润可以更高一些。由此得出成本导向定价公式：商品价格=直接成本+售后成本+营销推广成本+平台成本+合适的利润。

### 2. 竞争定价法

网上购物，“价格”是客户的第一决策因素。产品如果比目标竞争对手的产品线价格段低、价值感高，就具有竞争力。因此，竞争导向定价要密切关注竞争对手的价格，即参考同行店铺的定价来确定自己商品的价格。当然，还要考虑信用度、好评率、品牌以及售后服务、运费等因素的影响。可从以下几方面考虑：

（1）随行就市定价

根据市场竞争格局，采用行业领导者价格或行业平均价格进行定价，试图与竞争者和平共处，避免激烈竞争产生风险。适用于竞争激烈的同质商品，如大米、面粉、食油以及某些日常用品的价格确定。方法是使商品价格始终与市场价格水平保持一致，然后通过数量调整的方式来追逐市场价格的变化，通过降低流通费用获得必要的利润，比如提供一些微小的赠品或微小的折扣，保持适量的差异。

（2）产品差别定价

产品差别定价包括顾客细分，产品形式、形象、地点、时间等形式方面的差别。要实行差别定价，重点要做好以下工作：

①消费者调查

收集和评估价格决策必需的各种信息，只有对消费者进行调查，了解消费者构成、行为模式、收入状况等，才能针对不同类型的消费者制定出差异化的价格。

②市场状况研究

首先要研究产品市场是卖方市场还是买方市场，未来发展趋势如何；然后对市场竞争程度、范围及变化趋势进行分析；再分析竞争对手的技术、资本、人才和成本等特点；最后分析价格变动的速度和幅度以及竞争者的产品策略、渠道策略、促销策略、市场拓展策略等。

③店铺产品分析

要掌握产品同质的高低、有无替代品、是耐用品还是非耐用品、产品的成本、产品所处的生命周期阶段等。如果某产品具有一定技术、资本、人才和成本优势，并且具有差异性而又缺乏替代产品，则考虑差别价格策略。

### 3. 价值定价法

价值定价的实质是客户从产品中获得的利益与所支付的价格间平等交换，依据产品价值进行定价。这种定价认为某产品的性能、质量、服务、品牌、包装和价格等，在消费者心目中都有一定的认识和评价。消费者往往根据他们对产品的认识、感受或理解的价值水平，综合购物经验、对市场行情和同类产品的了解对价格作出评判，即商品的价格取决于被市场所承认的价值。比如一幅艺术画作的价格，该画作的价格就是根据在市场上被认可的价值进行定价（见图 4-1）。

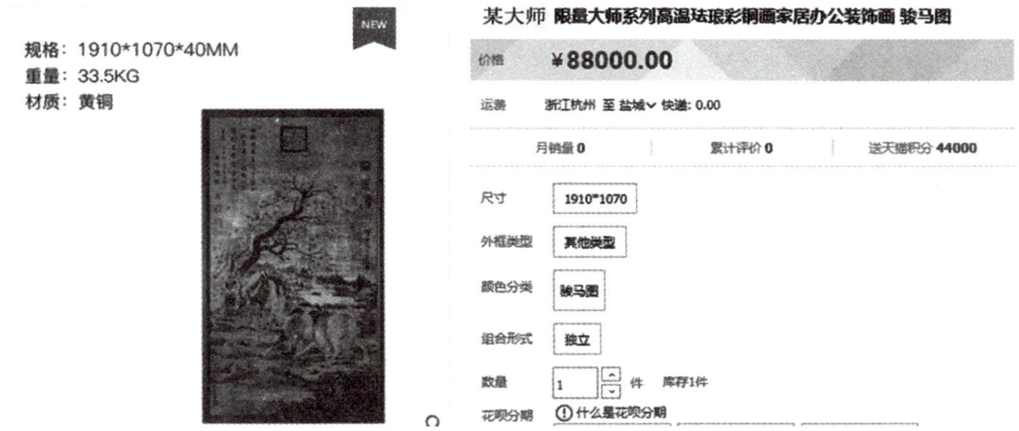


图 4-1　价值法定价典型案例

如果是具有独创性的新产品，在定价时就不用拘泥于成本价，而要思考它的价值，即“顾客愿意出多少钱购买”。

# 4.2 商品定价策略

对商品价格进行合理规划后，就要确定采取何种定价策略，经营者需要根据店铺实际情况确定合适的定价策略。

## 4.2.1 新产品定价策略

由于新产品具有竞争低、技术领先等优点，但也有不被消费者认同和成本高的缺点。因此，在新产品定价时，既要考虑尽快收回投资、获取利润，又要有利于消费者接受新产品。常用的定价策略有以下三种：

### 1. 撇脂定价

撇脂定价指以远远高于成本的价格将新产品投入市场，以便在短期内获取高额利润，尽快收回投资，然后随着时间推移，逐步降低价格使新产品进入弹性大的市场。这是因为产品销售前期，消费者认为新产品具有较高的价值，价格也制定得高。

撇脂定价方法适用于高科技、知识含量较高的技术创新型产品。此外，还要具备如下条件：一是具有高质量、好形象的特征，能吸引较多的消费者愿意在高价位购买；二是市场有足够的消费者需求缺乏弹性，即使价格定得很高，需求也不会大量减少；三是竞争对手不能轻易进入，推出别的竞品，不会影响本产品的高价位。一般而言，对于全新产品、受专利保护的产品、需求价格弹性小的产品、流行产品、未来市场形势难以测定的产品等，可以采用该定价策略。

### 2. 渗透定价

渗透定价与撇脂定价恰好相反，是指当新产品投入市场时，采取较低价位以吸引大量消费者，提高市场占有率，利用先入为主的消费心理，在其他竞争者还没来得及进入市场的时候，已经让消费者形成品牌的消费习惯，为建立品牌忠实度奠定基础。采取渗透定价策略不仅有利于迅速打开产品销路、抢先占领市场、提高品牌声誉；而且由于其价低利薄，有利于阻止竞争对手加入，保持一定市场优势。同时，较高的销量还可以降低成本，在较长时期内保持低价优势，增强市场竞争力。

使用渗透定价方法的前提条件：①市场对价格非常敏感，低价会刺激需求，带来产品销量大幅度增加，使产品的市场份额迅速成长；②低价可以阻止竞争，长期保持低价地位，否则低价优势只是暂时的；③生产和分销成本必须随着产品销量的增加而下降。

#### 3. 满意价格

满意价格策略是新产品投入市场时以适中的、买卖双方均感合理的价格销售产品。一般适用于需求弹性适中、销量稳定增长的产品。这种策略的优点在于：既便于吸引顾客、促进销售，又稳扎稳打地避免发生亏损风险；缺点是：很难掌握双方均感满意的价格水平。

满意定价法的前提条件：市场竞争不是很激烈，产品以保守的角色参与市场竞争，获取应有的收益，没有很强的市场攻击性。

### 4.2.2 心理定价策略

心理定价策略是店铺定价时，利用顾客心理有意识地将产品价格定高些或低些，以扩大销售。

#### 1. 声望定价

声望定价利用消费者仰慕名牌商品或名店声望所产生的某种心理来制定价格，是一种有意识地给商品定高价格以提高商品地位的定价策略。因为消费者具有崇尚名牌的心理，通常以价格判断产品质量，认为价高质必优，这种定价策略补偿了店铺优质产品或劳务的必要耗费，能满足不同层次的消费需求。

不少高级名牌产品和稀缺产品，如豪华轿车、高档手表、名牌时装、名人字画、珠宝古董等，在消费者心目中享有极高的声望价值。购买这些产品的消费者，往往不在乎商品价格，而最关心的是商品能否显示他们的身份和地位，价格越高，心理满足程度就越大。因此，根据消费者对这类商品的期望价值制定高于其他同类产品几倍甚至十几倍的声望价格，以满足消费者的心理需要，同时增加企业盈利、促进销售。

### 2. 尾数定价

尾数定价，也称零头定价或缺额定价，是在确定商品价格时，利用消费者求廉的心理，制定非整数价格，以零头数结尾，给消费者一种便宜的感觉；或是价格尾数取吉利数，从而激起消费者的购买欲望，促进商品销售。如0.99元、9.98元等，消费者会认为这种价格经过精确计算，购买不会吃亏，从而产生信任感。价格虽离整数仅相差几分或几角，但给人一种低一位数的感觉，符合消费者求廉的心理愿望。这种策略通常适用于基本生活用品。

### 3. 整数定价

整数定价与尾数定价正好相反，是把原本应该定价为零数的价格改为高于这个零数价格的整数，一般以“0”作为尾数。这种舍零凑整的策略实质上是利用了消费者按质论价的心理、自尊心理与炫耀心理，多用于价格较贵的耐用品或礼品。对于价格较贵的高档产品，消费者对质量较为重视，往往把价格高低作为衡量产品质量的标准之一，容易产生“一分价钱一分货”的感觉，有利于销售。

### 4. 习惯定价

习惯定价是消费者习惯于按某价格购买，由于消费者经常购买日用消费品，形成了一种习惯价格，如日常用的饮料、米盐、食品等。这类商品不要轻易改变价格，以免引起消费者不满。网上店铺对这类商品定价时要充分考虑消费者的习惯倾向，采用“习惯成自然”的定价策略。如果降低价格会使消费者怀疑产品质量有问题，提高价格会使消费者产生不满情绪，导致购买转移。在不得不提价时，可采取改换包装或品牌等措施，减少抵触心理，并引导消费者逐步形成新的习惯价格。

### 5. 招徕定价

招徕定价又称特价商品定价，是有意将少数商品降价以招徕吸引顾客的定价方式。商品的价格定得低于市场价格，一般都能引起消费者注意，这符合消费者“求廉”心理。采用这种策略，虽然几种低价商品不赚钱，甚至亏本，但从总的经济效益看，由于低价商品带动其他商品的销售，店铺还是有利可图。如商品大减价、大拍卖、清仓处理等，由于价格明显低于其他同类商品，进而顾客激增。这种策略一般是对部分商品降价，从而带动其他商品的销售。

### 6. 分割定价

分割定价是把价格很高的商品在数量上化大为小，变斤为克，从而使“高价”变成“低价”，适用于贵重商品或量少次多的商品。比如 1 箱 12 千克标价为 1000 元的红枣，分割成每包 1 千克标价 98 元的小包装，甚至分割成每包 100 克标价 9.9 元的迷你包装。数量由大化小后即使价格略有提高，也会让顾客因不易察觉或忽略不计而容易接受。

**案例赏析**

#### 一个 3 块钱的杯子怎样卖到 2000 元

消费者购买产品时，除了产品本身的使用价值外，更多的是购买一种感觉、文化、期望、面子、圈子、尊严、尊重、理解、地位等象征性的意义。因此，在做产品定价策略策划时，最重要的是将好产品卖出好价钱，才能证明价格策划对产品价值创新的意义。

第 1 种策略：卖产品本身的使用价值，只能卖 3 元

如果把杯子仅仅当一只普通的杯子，放在普通的商店，用普通的销售方法，也许最多只能卖 3 元钱，还可能遭遇其他小店铺的降价招揽客户挑起价格战，这就是没有价值创新的悲惨结局。

第2种策略：卖产品的文化价值，可以卖5元

如果将杯子设计成今年最流行款式的杯子，可以卖5元钱。其他小店铺的降价策略估计也用不上了，因为我们的杯子有文化，冲着这文化，消费者愿意多付钱，这就是产品的文化价值创新。

第3种策略：卖产品的品牌价值，就能卖7元

如果将杯子贴上著名品牌的标签，它就能卖六七元钱。其他小店铺3元一个叫得再响也没用，因为我们的杯子是有品牌的，几乎所有人都愿意为品牌付钱，这就是产品的品牌价值创新。

第4种策略：卖产品的组合价值，卖15元没问题

如果将3个杯子全部做成卡通造型，组合成一个套装杯，用温馨、精美的家庭包装，起名叫“我爱我家”，一只叫父爱杯，一只叫母爱杯，一只叫童心杯，卖50元一组没问题。其他小店铺还是3元一个喊破嗓子也没用，小孩子会拉着爸妈去买“我爱我家”全家福。这就是产品组合的价值创新。

第5种策略：卖产品的延伸功能价值，卖80元绝对可以

如果猛然发现这只杯子竟然是磁性材料做的，那就接着挖掘出它的磁疗、保健功能，卖80元一个绝对可以。这时其他店铺3元一个的杯子是根本没有办法比的，因为谁也不信3元一个的杯子会有磁疗和保健功能，这就是产品的延伸价值创新。

第6种策略：卖产品的细分市场价值，卖188元一对也不是不可以

如果将具有磁疗保健功能的杯子印上十二生肖，并且准备好时尚的情侣套装礼盒，取名“成双成对”或“天长地久”，针对过生日的情侣，标价为188元一对，绝对会让给对方买生日礼物的小年轻们开心付钱，这就是产品的细分市场价值创新。

第7种策略：卖产品的包装价值，卖288元一对可能卖得更火

如果把具有保健功能的情侣生肖套装做成三种包装：第一种是实惠装，188元一对；第二种是精美装，238元一对；第三种是豪华装，288元一对。可以肯定的是，最后卖得最火的肯定不是188元一对的实惠装，而是238元一对的精美装，这就是产品的包装价值创新。

第8种策略：卖产品的纪念价值，不卖2000元都对不住纪念的人

如果这个杯子被某名人用来喝过水，后来又被宇航员不小心带到太空去刷牙，这样的杯子，卖 2000 元一个可能会有很多人抢着要，这就是产品的纪念价值创新。

同样一个杯子，杯子里面的世界——其功能、结构、作用等依然如故，但随着杯子外面的世界变化，它的价值却在不断地发生变化。同样的杯子，采用不同的价值创新策略，就会产生不同的营销结果，如果能够深悟策划的含义，你还会一头栽进“杯子里面的世界”而出不来吗？

（来源：《八种办法教你把产品卖出好价钱：看一个 3 块钱的杯子怎样卖到 2000 元》，http：//www. iheima. com/article-144669. html/，2021 年 3 月 20 日引用）

## 实战训练

### 网店商品的定价

#### 【实训目的】

1. 了解网店的前期成本投入。
2. 利用商品定价策略确定店铺商品的合理价格。

#### 【实训内容】

1. 网店初期成本预算，列出网店初期需要投入的成本，对开设的网店进行前期成本分析。
2. 分析影响网店商品定价的主要因素。
3. 对网店的商品进行合理定价并阐述理由。
4. 制定出网店商品的价格规划，合理规划引流款、日常款、活动款、价值款等商品，并说明理由。

#### 【实训思考】

1. 打大众价格战和小众价值战的人群特点分析。
2. 在进行网店商品价格规划时，需要考虑哪些因素？

# 第5章

# 视觉营销与网店装修

## 5.1 色彩搭配技巧

漂亮恰当的网店装修给顾客带来美感，让顾客在视觉和心理上感到店铺的用心经营，能最大限度提升店铺形象，提高浏览量，增加顾客的停留时间。因此，视觉营销能树立网店整体形象，有效将商品信息传递给顾客，并且通过视觉符号，不断强化顾客意识，获得顾客认同，对店铺品牌形象的塑造具有重大意义。

### 5.1.1 色彩的视觉特征

色彩是一种语言、一种信息，它还具有感情，能让人产生联想，让人感到冷暖、前后、轻重、大小等不同感受。各种色彩在空间位置上相互关联，根据表现内容、画面层次的主次关系及情绪气氛等，分派以适当的面积，安排在合理位置上，从而发挥不同色彩组合产生的不同作用和效果。

#### 1. 色彩的冷暖感

暖色指红、橙、黄等以及它们构成的色调，这类色彩容易使人联想太阳、火焰、热血等场景，易产生温暖、热烈等感觉，适宜表现热情、欢快、奔放等内容。冷色是指青、蓝等以及它们构成的色调，这类色彩容易使人联想冰雪、海洋等场景，容易产生寒冷的感觉，适宜表现恬静、低沉、严肃、理智等内容。中性色指绿、紫、黑、白、灰等，感觉是平和、冷静、知性、简洁、和谐，没有情绪色彩暗示，很独立。

### 2. 色彩的轻重感

色彩的轻重感一般由明度决定。高明度的配色具有轻感，因此，明度高的色彩使人联想到蓝天、白云、彩霞及许多花卉，还有棉花、羊毛等，产生轻柔、飘浮、上升、敏捷、灵活等感觉。低明度的配色具有重感，因此，明度低的色彩易使人联想钢铁、大理石等商品，产生沉重、稳定、降落等感觉。其中以白色最轻，黑色最重。

### 3. 色彩的前后感

色彩的前后感是视错觉的一种现象，一般暖色、纯色、高明度色、强烈对比色、大面积色、集中色等有前进感觉，相反，冷色、浊色、低明度色、弱对比色、小面积色、分散色等有后退感觉。色彩的前进感与后退感是人的相对心理感觉，即一种色彩可能具有前进感，也可能具有后退感，这时就取决于哪种感觉占主导地位。

### 4. 色彩的华丽与质朴

高明度、高纯度的色彩和丰富、对比强的色彩使人感觉华丽、辉煌。低明度、低纯度的色彩和单纯、对比弱的色彩使人感觉质朴、古雅。就色相而言，按红、紫红、绿的顺序排列，呈华丽感；按黄绿、黄、橙、青、紫的顺序排列，呈质朴感。从色彩组合多少来看，色彩多且鲜艳而明亮的颜色呈华丽感，色彩少且浑浊而深暗的颜色呈质朴感。此外，色彩组合中加入光泽色易产生华丽的效果。

### 5. 色彩的庄重与活泼

暖色、高纯度色、丰富多彩色、强对比色使人感觉跳跃、活泼、有朝气，冷色、低纯度色、低明度色使人感觉庄重、严肃。所以当不规则的形状搭配高纯度色时，给人感觉更加活跃、欢快；反之，规则的形状搭配明度低的色彩，给人更强的稳定、安全，甚至是庄严感。色彩明度较低、色相不大明确、纯度较低的色彩配置，容易给人庄重、严肃的感觉，如黑、深度灰、中度灰、深蓝、褐色等，但配置不当会有沉闷的感觉。纯度高、适中的色彩也可搭配出庄重感，色相对比鲜明、纯度饱和、偏高的多色配置则显得跳跃、活泼、稚气。

## 5.1.2 色彩搭配方法

色彩以其独特而丰富的语言给网店设计增添表达的内容，强化表达效果，使网店精彩动人。掌握色彩语言要遵循色彩搭配原则，灵活采取恰当的方法，才能取得和谐优美、令人难忘的视觉效果。以下介绍色彩搭配常用方法：

### 1. 色相对比配色法

色相对比配色需要以色相环为基础，在不同区域选择不同的色相，以达到更好的对比效果。具体配色方法可分为同类色配色、邻近色配色、对比色配色等几种。

（1）同类色配色

选择色相环上间隔角度在60°以内的色彩，由于色相对比差异不是很大，会起到协调统一、稳定自然的效果，但为避免呆板单调，在设计中可以调整色彩的明暗度属性。

（2）邻近色配色

选择色相环上间隔角度在60°~90°之间的色彩，能够体现出丰富、跳跃的特点，但同时也具有一定的协调统一性，在设计中可以根据实际情况调整配色间的角度。

（3）对比色配色

色彩选择在色相环上的夹角一般在120°以上，能够体现出强烈而鲜明的色彩对比与矛盾冲突，一般用于需要着重说明的独立视觉元素，或者需要突出的主题信息。

此外还有配色在色相环上夹角为180°互补色配色方法，这种配色选择属于对比色配色的范围内，但由于色彩对比最为强烈，因此画面效果与对比色相比会更加丰富。

### 2. 明度对比配色法

在色相对比配色中，同类色配色需要通过明暗度调整来突出同类色间的对比，这正是明度对比配色方法的应用。在网店设计中，即便是同样的颜色，不同的明度也会给人带来不同的感觉。例如高明度色彩给人以明朗、积极、醒目的特点，中明度色彩具有比较柔和、高雅的特点，而低明度则更加严肃、庄重、压抑。因此，网店设计时对色相不同明度的控制与调整也是十分常见的。

### 3. 饱和度对比配色法

在网店设计的色彩搭配中，色彩的饱和度也是比较常用的配色方法。如果色彩的饱和度越高，在网店色彩的表现就越鲜明；反之饱和度较低，表现则会比较暗淡。因此，饱和度较高的色彩通常会作为主色使用，达到突出主题、引人注意的效果；而饱和度较低的色彩在一般情况下多为辅色，用来衬托主题，主色与辅色相结合，能够很好地体现出冲突性，将色彩饱和度的对比效果充分发挥出来。

### 4. 色彩面积配色法

色彩面积大小与比例的对比同样存在于网店页面设计中，不同的色彩面积比例所呈现出的视觉效果也截然不同。该方法最具代表性的就是由日本设计师所提出的黄金比例配色，具体的配色比例为 70∶25∶5，即网店首页中的 70%为大面积使用的主色、25%为辅助色、5%为点缀色。

## 5.2　网店视觉形象设计

网店形象的视觉识别（VI，Visual Identity）是一种具体化、视觉化的信息传播方式。在充分理解网店性质、目标顾客及发展目标的基础上，将网店理念与行为通过规范的视觉语言和有序的视觉形象表现出来，充分传达出网店的差异性，形成特色鲜明、内涵独特的视觉形象，是具有前瞻性和更为深远的立足点的做法，能起到促进形象宣传与提高经济效益的效果。

## 5.2.1 网店标志的设计

网店标志（简称店标，即网店 LOGO）作为网店形象视觉识别的重要组成部分，是一种独特的设计，代表网店形象，其作用是将店铺的经营理念和服务作风等要素传递给广大消费者。一个好的店标设计，不但能吸引消费者的眼球，更能增加店铺的浏览量。

### 1. 网店标志的形式

网店标志是经过提炼、抽象与加工，通常以单纯、显著、易识别的形象、图形或文字符号为直观语言，具有表达意义、情感和指令行动等作用，表达一定的精神内涵，传递特定的信息，实现人际交流的视觉语言。网店标志主要有三种形式：

（1）文字标志

字体店标非常普遍，指用汉字、拼音、英文或其他文字、字母组合而成，通常是在某种现有字体上进行扭曲与变化，适用于多种传播方式。文字店标按照表现形式不同，分为汉字店标、英文店标和数字店标等。

（2）图形标志

图形店标用图形构成标志，由点、线、面等不规则的图形组成。这种标志比较形象生动、色彩明快，且不受语言限制，非常易于识别；但图形标志没有名称，表意方面不如文字标志准确。

（3）组合标志

组合店标使用动物、人物、植物、几何图形等图像，同时这组图像又提示性地说明某物某事。这种标志发挥了文字及图形标志的优点，图文并茂，形象生动、易于识别。

### 2. 网店标志设计技巧

（1）强调识别性

网店标志作为一种视觉符号，具有特点鲜明、容易辨认和记忆、含义深刻、造型优美等特征。它能够区别于其他店铺、产品或服务，使顾客对店铺和商品留下深刻印象。

（2）做好色彩搭配

网店标志的色彩是决定顾客第一感受的关键因素，好的色彩搭配让人心情愉悦。标志中的色彩最好不要超过三种颜色，尽量选择相差不大的颜色，不要选择撞色太明显的色彩，以免影响整体美感。

（3）与品牌风格相符

网店标志的风格要尽量简约大气、易于记忆，可以印上店铺的名字，或者以名字设计图案；还要与商品内容、风格相结合，要让消费者见到标志就能联想起店铺销售的商品类型。从深层意义上讲，网店标志是精神内涵的象征，所以把商品的价值带入设计中，能够更好地表达店铺所具备的品牌意义。

## 5.2.2　网店店招的设计

店招通常显示在店铺左上角或店铺搜索列表页等处，分为静态和动态两种，并且都以产品图片、宣传语言、店铺名称等内容组成。对于店铺而言，店招有相当重要的地位，店招设计得好，更能给顾客留下深刻印象，更有利于稳定扩展客户群。店招不仅代表着店铺的风格、产品品位等特性，还能起到宣传推广的作用。

### 1. 店招的类型

（1）品牌宣传型

如果店铺实力雄厚、产品给力、有自己的品牌，或者正努力朝品牌方向发展，店招首先要考虑的是店铺名、店铺标志、店铺标语，因为这是品牌宣传最基本的内容；其次是关注按钮、关注人数、收藏按钮、店铺资质，可以侧面反映店铺实力。

最好不要出现店铺活动、促销等打折信息，影响整体的高品质形象。

品牌店招可以做得全面、完善，将网店标志、名称、主营业务等信息全部展示出来，内容在后期变化也不大，非常适合非消耗品行业和走品牌化路线的网店。下图 5-1 是某品牌家具网店的店招，颜色以清爽的白色为背景，左侧位置是品牌标志和品牌名称，品牌名称下面是收藏按键，右边是品牌的理念及口号，整体看上去清爽、简洁，又能体现品牌内涵与形象。

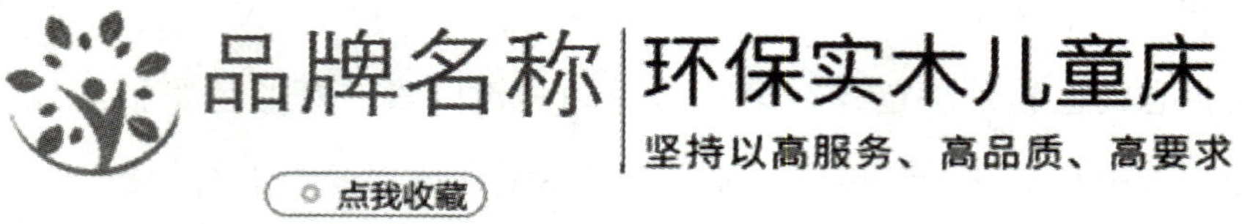


图 5-1　品牌宣传型典型店招

（2）产品推广型

如果店铺要主推一款或几款产品，并且主推产品表现很突出，那么在店招设计时，首先要表现促销产品、促销信息、优惠券、活动信息等促销信息；其次是店铺名、店铺标志、店铺标语等品牌宣传内容。

店铺的目标是销售商品，可以直接将关键词放在店招上，让顾客看到店招就能知道店铺销售什么产品，起到立竿见影的效果。如下图 5-2 是某实木家具网店，其店招上直接是当前主推的产品及促销信息，让人一目了然。

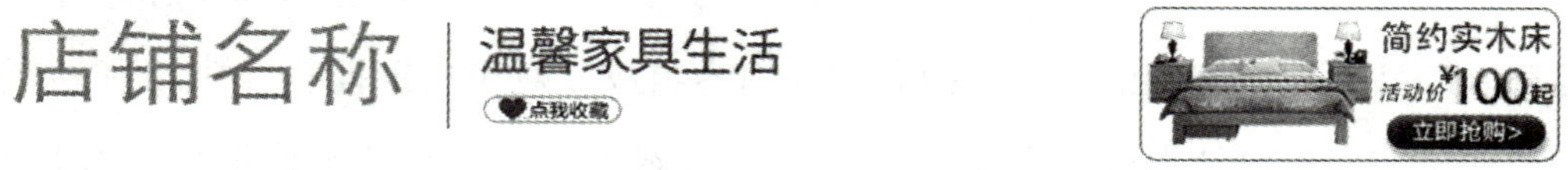


图 5-2　产品推广型典型店招

（3）活动促销型

这类店铺的特点是店铺活动、流量集中增加，有别于店铺正常运营。店招首要考虑的因素是活动信息、优惠券、促销产品等活动信息；其次是店铺名、店铺标志、店铺标语等品牌宣传内容。这类店招不管是氛围设计还是内容展现，都要让活动信息占据更大篇幅，否则顾客对店铺信息的关注反而会降低。

有些店铺常常做促销，比如春季新品、换季清仓、满就送、包邮等各种促销。不管顾客来源于自然搜索还是活动入口，势必会看到店招内容。因此，有必要将店铺的促销活动展示在店招上，一方面方便顾客阅读，另一方面也能吸引顾客点击。如下图 5-3 某家具网店的店招就是当季热销的活动信息，劲爆的活动信息能吸引顾客下单购买。

图 5-3 活动促销型典型店招

## 2. 店招设计原则

（1）内容适合性

店招设计要准确体现网店的类别和经营特色，宣传店铺的经营内容和主题，反映商品特性和内涵。

（2）时代流行性

店招设计要随不同时期消费者的审美观念而有所变化，相应地改变造型形式及流行色彩搭配，跟上时代潮流。

（3）广而告之性

店招设计要能起到宣传店铺经营产品、扩大网店知名度的作用。设计时可以利用店铺标志、店铺标语、名称等元素设计图案、文字和造型，全面宣传店铺、品牌及产品。

（4）风格独特性

店招设计要努力做到与众不同、标新立异，使顾客看到就具有心灵的震撼感和情感共鸣，而且要敢用夸张的形象和文字体现店铺的独特风格。

## 3. 店招设计技巧

（1）信息不要太多

店招传达的视觉信息不要过多，一般选择 1~2 个主要信息即可，信息过多会给人造成很大的视觉压力。从老顾客角度考虑，促销信息一定是他们感兴趣的；若是新客户，他们会更想要了解品牌文化等信息。

（2）突出品牌形象

店铺标志的位置一定要醒目，体现出品牌的诉求，告诉消费者店铺风格和品牌文化，让消费者对品牌有初步了解，并且通过简短生动的展现，有效地将品牌形象留在消费者的心目中。

（3）定期更换店招

根据店铺目前经营状况经常更换店招，让消费者感觉到新鲜。在设计过程中，要关注大型活动，比如节日促销时，店招重在突出活动信息，但也不能忽略品牌的传递。

（4）不要使用太多颜色

过多颜色集中在一起会使店招显得十分花哨和不上档次，同时也让消费者感觉眼花缭乱和不知所云。另外，过于复杂的色彩交织，也会掩盖原本想要表达的信息，喧宾夺主。因此，建议最多只用三种颜色，避免使用过于抢眼的颜色，而且还要结合自己店铺风格搭配选择。

**知识拓展**

### 视觉营销，让顾客一眼看中你的店

法国人有一句经商谚语：即使是水果蔬菜，也要像一幅静物写生画那样艺术地排列，因为商品的美感能撩起顾客的购买欲望，这就是视觉营销的魅力。

如何做好视觉营销呢？可以参考下面这四个法则：

1. “7秒法则”

行走的顾客在经过便利店7秒之前（一般顾客行走的速度在1米/秒，在距离便利店7~8米时，也就是7秒的可视距离），不能判断这是“什么店铺”时，会因没有兴趣而略过此店。

因此，门头就很重要。门头尽量要大，当然要大得合适，否则就会大而无当，影响美观；门头灯尽量要亮；品牌名字尽量显眼，最好能让顾客感知便利店的属性。

2. “3 秒法则”

当顾客走到便利店前方 3 秒的距离时，如果没有好的海报指引，让顾客对便利店商品提起兴趣，那么也无法让更多的顾客进店。

海报的重点在于，顾客不擅长一次性掌握过多的商品信息，要有突出的单个（少数）产品，并在色彩上跳脱出视线中的背景，让人第一眼看到海报展示的商品。

3. “规律性”

IP 是某一类产品的展示区，切忌给人造成“堆砌”印象，那样就仿佛在说“我在甩卖”。例如特产的摆放，不要随意堆砌，而摆放通常很在意品类、大小、品牌等等。

除此之外，还要注意颜色上的渐变感，不至于冷色、暖色交错摆放，这一点更加重要。

4. “中心线”

人的视觉原理都是以中心线为最初关注点，然后再从中心线往两旁看过去。因此，不仅视觉上要有颜色的中心线，便利店内设计的动线也需要有中心线。

如果便利店纵深很长，建议用中心线引导顾客往里走，最好用的办法是，在尽头使用亮而暖色的展示，以增强对顾客的吸引。

消费心理学研究表明：人类的行为有 75%～90%受视觉主导，充分说明这是一个视觉主导的世界。

（来源：《视觉营销，让顾客一眼看中你的店》，https：//zhuanlan. zhihu. com/p/89641010/，2021 年 3 月 20 日引用）

## 5.3　网店装修策划与设计

网店的首页如同实体店的门面，整体形象决定顾客是否进店浏览。网店的装修效果时刻影响顾客的购物体验，同时也关系到店铺转化率。网店页面的布局版式、展示形式也直接影响顾客使用的方便性，合理的页面布局可以使顾客快速发现店铺的核心商品和服务；如果页面布局不合理，顾客不知道怎样获取所需信息，或很难找到相应的信息，那么他很快就会离开店铺。

## 5.3.1 网店首页的策划与装修

首页布局的作用主要是展示店铺形象、方便商品搜索、合适地推荐商品和活动信息等。

### 1. 网店首页的构成元素

网店首页通常包括的元素有店招、公告、促销栏、商品分类导航、商品展示区、商品描述、计数器、联系方式等，大体可归纳为以下几个区域：

（1）页头区

店铺页头区包括店招和分类导航等内容。店招作为店铺招牌，必须放在首页上方，用来说明经营项目。分类导航也是店铺装修的重中之重，不仅可以用各种图片展示商品分类，还可以通过图片及文字表达任何需要表达的内容。

（2）活动促销区

活动促销区域包括店铺公告、促销活动、优惠券等内容。店铺公告是用来向顾客展示店铺新品、新优惠政策的平台，同时也是顾客获取店铺信息的重要渠道。促销栏有重要的广告价值，通常是越大越好，但高度不能太高，其中的内容要有动感，给顾客一种看电视的感觉，内容也不要过于单一。动态内容最好置于整个促销栏的左上方，这是顾客视野的正中央，容易引起注意。

（3）产品展示区

产品展示区域包括产品分类、主推产品等内容。产品分类要考虑店铺产品共分成几个大类、页面从上至下如何排放顺序、每个分类模块放几个产品、是否需要分主次区域、单个产品是否需要突出展示价格和折扣等。主推产品要考虑产品差异与定位、推介顺序、核心卖点，同时需要突出价格和折扣等内容。

（4）页尾区

页尾区域包括客服中心、购物保障、发货须知等内容。页尾区一定要符合店铺风格和主题，色彩要一致，内容上可添加消费者保障、7 天无理由退换货等保障服务、客服联系方式、商品购物流程等。

### 2. 网店首页装修技巧

网店首页在设计上要熟悉一些基本原则，再考虑页面的特殊性，设计出美观大方的页面。基本技巧如下：

（1）突出行业属性

每个行业都有特定的属性，每种属性都有独特的表象，比如五金、纺织、化妆品等行业都有各自独特的行业属性。虽然没有明确的行业规定，但这些约定俗成的东西却影响消费者的判断与取舍。店铺装修前，一定清楚产品属性以及行业特征，在此基础上为装修设计选择相应的色彩、插图，如五金产品可以用黑色、灰色，但不适合用粉红色。

（2）色彩搭配协调

店铺主色调即整体看上去为红色、绿色、蓝色等色彩，店铺的主色调与产品的属性密不可分，一旦确定主色调，其他颜色的使用都必须跟主色调高度协调，保持整洁性，颜色不要复杂，同一个页面颜色不能超过三种，做到协调、舒适、美观、主题突出等。比如绿植店铺宜采用绿色，补水产品宜采用蓝色等。

（3）简洁时尚大方

简洁大方的店铺首页可以使顾客很舒服地浏览，也可以直观地让他们看到店铺想要推销的产品。网店首页的核心是产品图片，每一张产品图片由若干颜色组成，边框、线条都尽量干净，少用不相匹配的色块。

（4）分类科学明确

科学分类是为了顾客方便查找，最初顾客可能对某个产品感兴趣，但在了解该产品的同时会对相关的产品好奇，同类产品放在一起可起到对比参考的作用，可以自动与顾客沟通交流，促进交易。功能相近的产品放在一起便于选择查找，价格相同的产品归为一类更容易促进销售，比如建立“1 元区”“10 元”“活动促销区”

“积分兑换区”等，分类直奔主题，对经常做活动的店铺来讲，如此分类就非常有必要。

## 5.3.2 网店导航栏的设计

网店导航，也称导航栏、导航条、导航菜单等，通常包括网店首页、产品栏目以及某些单页面的导入链接。正确的网店导航让顾客无论进入网店的哪一页，都很清楚自己所在位置，并且很容易返回网店首页，目的是让顾客更容易找到需要的商品，起到很好的引导作用。

### 1. 导航栏的基础要素

导航可以引导顾客浏览网站，并顺利地进入想要到达的页面。在网站导航设计时，需要注意以下要素：

（1）确定导航形式

一般来说，网店导航可以分为有子菜单和无子菜单两种形式。如果网店产品不多，只需设置无子菜单的导航；当网店有很多产品，且有多个细分栏目，那么就需要在相应的导航选项下设置子菜单。

（2）导航内容设定

导航内容首先需要符合消费者浏览和选购商品的习惯，大多都是以文字形式展示，尽量不要使用艺术字体，应该使用正规字体，这样可以使顾客阅读顺利，且不会因为字体复杂而导致加载速度过慢。图 5-4 中有两个知名珠宝首饰旗舰店的导航设置，通过浏览比较发现，上面的导航图是按照商品类型设置了导航内容，方便消费者选购，而下面的导航图会让消费者选购商品时感到混乱。

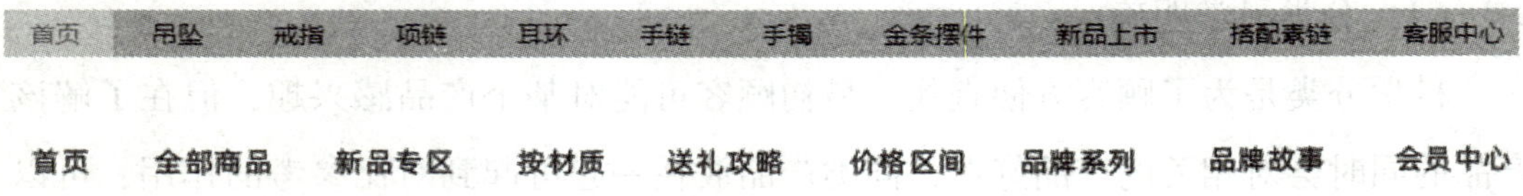


图 5-4 导航内容设定案例对比

（3）控制导航选项数量

选项的数量不是越多越好，应控制在 7 个以内，因为选项太多只会让顾客更难选择。如果需要增设更多的导航选项，可以考虑把导航做好归类，然后在每个选项中设置二级菜单。

（4）首页是必选项

首页选项是导航设计中必须存在的，因为顾客在浏览网站其他页面后，可能会直接返回首页，然后再进入其他的页面浏览。如果没有首页按钮，顾客就可能需要进行返回上一页操作，造成多次重复操作。

### 2. 导航栏的设计要点

从大部分网店设计的样式来看，导航的位置分为顶部、左侧栏和自由导航三种。下面对这三种形式需要注意的基本事项进行说明：

（1）顶部导航不需要很漂亮

很多店主为了页面美观，特意将导航设计为“漂亮图片+超链”形式，而不是常规的下拉分类形式。其实从顾客体验角度看，大多数顾客已经习惯了简单、常规且“不漂亮”的分类导航。如果店铺导航的设计让顾客花费很多时间去思考下一步该点击什么，那这个导航的设计不是很合理。

（2）合理布局左侧栏

①左侧栏内外应一致。很多店主不知道首页的左侧栏和详情页的左侧栏不是同一个模块，这使得很多店铺首页左侧栏和详情页左侧栏布局完全不同。

②为了配合店铺设计，左侧栏可以适当下移，但一定要在第一屏出现，目的是要告诉顾客：这里有你想要的东西，即便向下浏览也能快速查看分类等信息。

③结构上，建议在设计时将商品分类放在第一屏就能看到的位置，将热销、热藏商品放到左侧栏的底端。同时加上“回到顶端”按钮，方便不同习惯的顾客快速查看，从而增加店铺访问深度，提升销售概率。

（3）自由导航的禁忌

①不要有某张图片过于抢眼。视线律动研究表明，在一个页面中如果有区域视觉权重过强，会导致浏览者的视线不稳定或在权重较高的区域来回浏览。

②不要过于浮夸。导航图片以传达信息为主，因为顾客要快速理解图片内容，而不是看店铺的美工技巧。

③不要有太多类型的促销活动。太多形式的推广促销活动往往会困扰顾客，也会造成导航信息传达不明确的后果。

## 知识拓展

### 网店栏目策划的重要性

网店栏目策划的重要性常被忽略，其实，网店栏目策划对于网店的成败有非常直接的关系。网店栏目兼具以下两个功能，二者缺一不可。

1. 提纲挈领，点题明义

网速越来越快，网络的信息越来越丰富，消费者却越来越缺乏耐心，打开网店超过10秒钟或一旦找不到自己所需的信息，就会毫不客气地关掉页面。要想让浏览者停下匆匆的脚步，就要让他们清晰地看到店铺内容的“提纲”，也就是网店的栏目。

网店栏目的规划，其实也是对网店内容的高度提炼。即使是文字再优美的书籍，如果缺乏清晰的纲要和结构，恐怕也会被淹没在书本的海洋中，网店也是如此。无论网店的内容有多精彩，如果缺乏准确的栏目提炼，也难以引起浏览者的关注。

因此，网店的栏目规划首先要做到“提纲挈领，点题明义”，用简练的语言提炼出网店中每一个部分的内容，清晰地告诉消费者自家商品有哪些信息和功能。

2. 指引迷途，清晰导航

网店的内容越多，浏览者也越容易迷失。除了“提纲”的作用之外，网店栏目还应该为浏览者提供清晰直观的指引，帮助消费者方便地找到所需的商品。网店栏目的导航作用，通常包括以下两种情况：

（1）顶部导航。顶部导航可以帮助消费者快速找到所需栏目。通常来说，顶部导航的位置是固定的，以减少浏览者查找的时间。

（2）产品栏目导航。一般产品栏目导航在页面左侧，也就是商品分类。产品分类越清晰越好，通过单击分类可以快速找到相关的产品信息。

(3) 快捷搜索。对于网店的老顾客而言，需要快捷地找到所需商品，“快捷搜索店内商品”为这些顾客提供直观的搜索，减少点击次数和时间，提升浏览效率。

归根结底，成功的栏目规划还是基于对消费者需求的理解。对于消费者需求理解得越准确、越深入，网店的栏目也就越有吸引力，能够留住越多的潜在客户。

(来源：《为什么要进行网店栏目策划》，https：//m. qinxue365. com/edunews/19599. html/，2021 年 3 月 20 日引用)

## 5.3.3 网店海报的设计

在店铺装修中，一张好的海报能瞬间吸引顾客的目光，从而增加顾客的停留时间，并且加强印象。一般来说，店铺海报主要由三部分组成，产品、背景及文案。确定好构图版式及配色是重要内容，确定好这两项后设计就成功了一大半。

### 1. 排版构图技巧

店铺海报首先要做到的是主题突出，然后把其他要素分层次排列。店铺海报版式常见的主要有几种：左文右图、左图右文、两边图中间文等。

(1) 左文右图式

左文右图式排版的海报较为经典，左边文案、右边放图片。左边方案的字体上粗下细，上大下小，上下主次分明，形成对比。文案四四方方，架构稳重、平衡(见图 5-5)。

图 5-5 左文右图式排版

（2）左图右文式

这种海报也较为典型，左边放图片，右边是方案。右边方案的字体也是上粗下细，上大下小，下面的价格打折部分排版稳重（见图 5-6）。

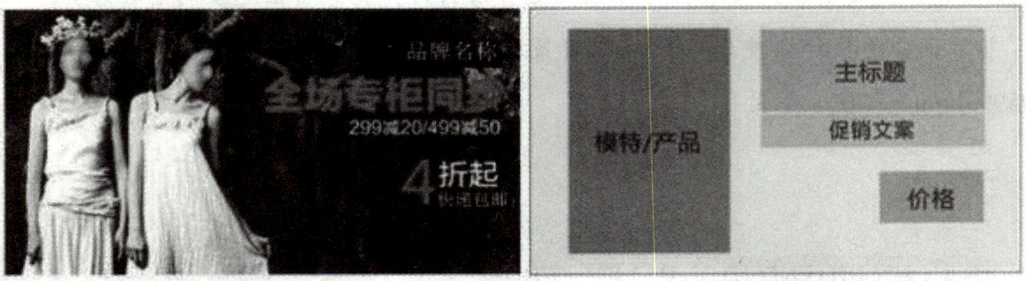


图 5-6　左图右文式排版

（3）两边图中间文字式

这种海报是两边放图、中间放文字的排版，常见于多模特展示海报中，通常一边是近景、另一边是远景，以此产生对比和呼应（见图 5-7）。

图 5-7　两边图中间文字式排版

（4）斜切式

斜切式构图会让画面显得时尚、动感活跃，但画面平衡感不是很好控制。一般斜切式的文案倾斜角度最好不要超过 30 度，不然要歪着头浏览。另外根据消费者阅读习惯，文字一般是往右上方倾斜，这样有一种上升感（见图 5-8）。

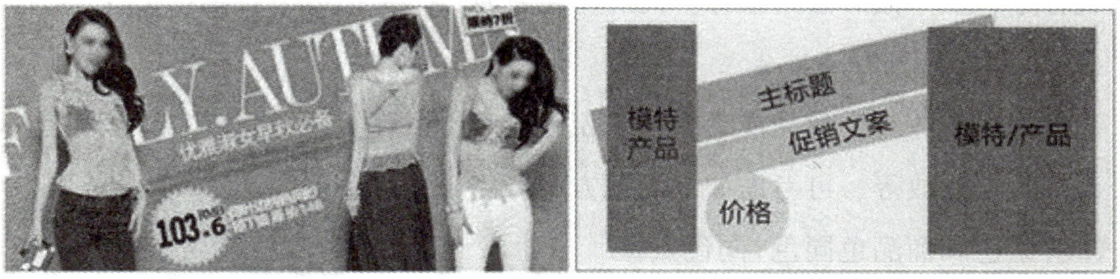


图 5-8　斜切式排版

（5）其他式

如图 5-9，当海报要放置过多的促销产品时，可以采用这种版式，其中间是一个半透明的框，用来输入文案。

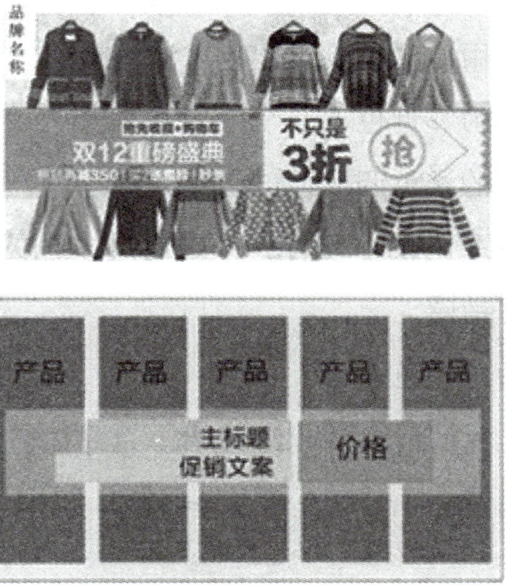


图 5-9　其他式排版

海报设计过程中，版式的平衡感极为重要，同时还要处理好不同物体之间的对比关系，如文案字体的大小对比、粗细对比和模特的远近对比等。

## 2. 配色技巧

颜色的选择是海报制作的重点。首先，选用的颜色要与产品及店铺的主打颜色相一致。其次，选用的颜色要鲜艳，这样才能形成比较强烈的对比。最后，在颜色挑选过程中，以少而和谐为最好。此外，配色时可以考虑以下技巧：

（1）只有一个商品时

当海报中只放一个商品或者多个商品颜色为同一色系，如部分商品为黑白色、一个商品重复摆放等，可考虑如下配色方案：

①背景色和商品色同色+同色点缀

当商品本身颜色比较一致时，可以吸取商品的主色或者主色同色系的浅色调、纯色调、暗色调作为背景色。点缀元素也在该色系范围内调整深浅，或者用黑白等无彩色。此时画面会比较一致、协调、柔和。

②背景色和商品色同色+跳色点缀

吸取商品的主色，或者主色同色系的浅色调、纯色调、暗色调作为背景色。如果商品本身色彩比较多，装饰元素选择同色系或邻近色系即可；如果商品颜色色系比较一致，装饰元素可以用冷暖色或对比色来活跃画面。

③背景色和商品主色为邻近色

选取商品主色邻近色的浅色调或纯色调作为背景色。颜色丰富的产品本身带有热闹的感觉；而当产品色系比较一致时，可以通过多色的点缀元素扩展色相范围，提高画面的热闹氛围及促销感。

④背景色和商品色为对比色

选取商品主色的对比色的浅色调或纯色调作为背景色。色彩纯度越高，对比和视觉冲击就越强，越抢眼。

（2）有多个商品时

当海报中有2个、3个、多个商品组合在一起，且商品之间色相差比较大时，可考虑如下配色方案：

①背景色和主商品色为同色系

选取面积比较大的商品颜色的浅色调或纯色调作为背景色。因为商品多、颜色丰富，自然会有热闹的氛围。此时，点缀元素和字体颜色可以选择商品中已有的颜色，以免杂乱；也可以添加商品中没有的颜色，扩展色相环范围，提升热闹、促销的感觉。

②背景色和主商品色为邻近色

选取商品主色邻近色中的浅色调或纯色调作为背景色，可以使整体和谐中带着一些活力感。点缀元素除黑白以外，还可以选择商品中的颜色，加强整体感；也可以使用偏纯色的邻近色和对比色，加强活跃感。

③背景色和主商品色为对比色

选取面积较大的商品主色的对比色中浅色调、纯色调、暗色调作为背景色。因为色彩本身对比强，画面活跃感十足；但如果背景偏暗色调或浅色调时，就会降低强对比的活力感，向品质感靠拢。

### 3. 文字的运用技巧

店铺海报的设计少不了文字描述，海报上所有的文字设计都要围绕同一个关键信息，并且简洁明了。文字的排版布局也要形成一个小整体，不能散落在页面各个部位。此外，在文字编辑方面不要选择过于生僻的字词。

（1）男性字体

男性字体通常表现硬朗、粗犷、力量、稳重、大气等特征。因此，一般选用比较粗的黑体类字体，或者有棱角类字体，并且大小、粗细搭配，有主有次。一般用得最多的是方正兰亭系列的字体，通常大品牌都会用到（见图 5-10）。

图 5-10　男性字体效果

（2）女性字体

女性字体通常表现柔软、飘逸、俊俏、纤细、秀美、气质、时尚等特征。因此，一般选用纤细秀美、线条流畅、有粗细变化的字体（见图 5-11）。

图 5-11　女性字体效果

（3）儿童字体

儿童商品通常采用萌萌的儿童风格的中文字体，包括高人气的汉仪趣黑、夏日体、小麦体、PP 体等，这些字体较为活泼生动（见图 5-12）。

图 5-12　儿童字体效果

（4）文艺、民族风字体

文艺、民族风字体通常表现纤细、优美、复古等特征。因此，一般选用笔画细的字体，如方正清刻本悦宋简体、方正启体简体等，字号也比较小，而且常采用竖向排版（见图 5-13）。

图 5-13　民族风字体效果

（5）促销型字体

促销型字体通常要具有粗、大、显眼、倾斜、文字变形等特征。因此，一般选用笔画粗的字体，如方正粗黑、方正谭黑、造字工房力黑、蒙纳超刚黑等（见图 5-14 和图 5-15）。

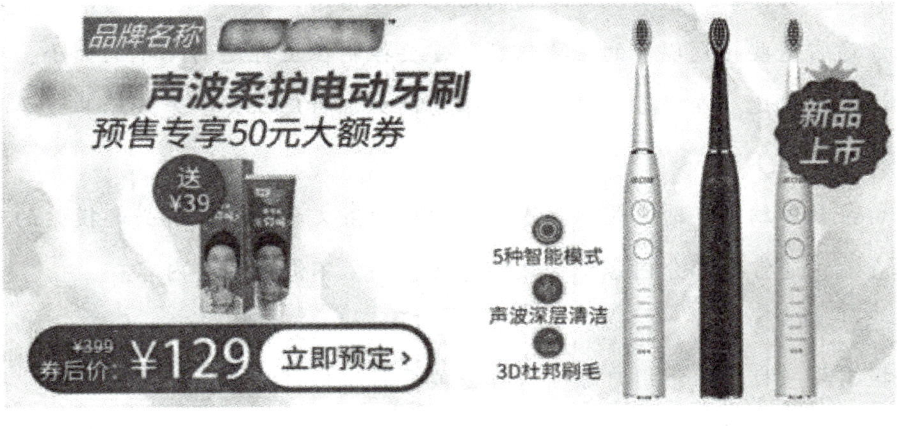


图 5-14　促销型字体效果（1）

图 5-15　促销型字体效果（2）

知识拓展

## 海报设计的技巧

1. 让海报在远处也能被清晰读取

海报中的文本和视觉内容都要相应地构造出层次。在海报设计的时候，要将文本构造出三个不同的层次：

标题：这是海报中最主要的也是最大的文本元素。它是整个海报的视觉和艺术元素的补充说明，也可以是它的载体。在选择标题文本的时候，最好选用可读性较好的字体，或者精心设计的标题字体。

细节：海报中呈现的具体内容是什么，在什么时间什么地点发生，都需要通过细节和详细的文本说明来展现。如何简洁地呈现信息，大小尺寸、对比度都需要仔细控制。通常这些标题以外的主要信息，需要控制在主标题的一半的大小，确保层次结构，形成对比。在很多时候，这些辅助性文本的尺寸大小是基于其重要性来考虑的。

保留条款和细则：通常指海报中相对次要的条文和内容，有兴趣摸索的用户可以仔细查看，通常这部分内容都会被缩得比较小，不影响主要内容。

2. 放大对比度

海报需要一目了然，用户瞟一眼都会被吸引注意力。元素之间的高对比度能够做到这一点，尽量少用微妙的浅色和单调的配色方案，大胆的色彩和夸张的字形才更适合海报的表达。

3. 基于尺寸和位置构思海报

海报最终是要呈现出来的，用户会在什么样的地方，以什么样的角度来观看它？海报本身的长宽比是多少？周围有哪些东西，是否会影响海报的视觉呈现？这些因素其实都和海报设计有关系。

了解海报投放的实际位置，能够更好地构思和设计。视觉不仅在海报设计中占据很重要的位置，而且本身和外部因素有着紧密的关联，需要设计师因地制宜地设计。

4. 制作一个迷你的版本

虽然海报主要还是会制作成为印刷品，但是它同样可以使用到网页等其他的地方，设计师可以在已经完成的海报基础上，输出一个迷你版本。在营销上，有一个非常实用的规则，就是用户在接触某个东西 20 次以上，才会下意识地记住它。因此，多个版本的海报，面向多个不同的平台和媒体进行投放，才能更好地实现这一目标。可以缩小并且制作能够在社交媒体上分享和浏览的迷你版；制作明信片大小的版本用来分发；考虑设计网页版，基于海报制作着陆页；制作适合发送电子邮件的版本；等等。

5. 强调主视觉

无论海报采用的是图片、插画还是文字，主视觉都是整个海报的核心。它就像标题一样，需要在足够远的地方也能够被清楚地识别出来。

在设计海报的时候，可以采用紧凑的面部特写、非常具有针对性的插画或具有明显聚焦特征的场景，作为海报的主视觉。确定主视觉之后，注意其他元素的层次，文本和图片之间要有足够的对比度，确保能够被清晰地分辨出来。

6. 使用大量的留白

每张海报的设计目标都是非常明确的，它需要在某些点触及用户，绝大多数的海报都是希望吸引用户来做一些事情。比如：音乐会和电影的宣传海报，它们都需要将看到海报的用户转化为消费者。而创造视觉焦点，很大程度上需要依赖合理的留白。

当然在海报设计中，留白的控制不仅限于突出主视觉，其他地方也要注意：例如字母之间的间距不要太靠近，否则用户稍远一点就没法看清楚；文本的行间距要疏密有致；海报画布的内边缘要有留白，创造呼吸感；不同的元素之间留白也是有必要的，比如文本和图片之间；在营造视觉焦点的时候使用留白，你需要想清楚最想让用户看到什么。

7. 加入行为召唤元素

每一张目的明确的海报，都要在某些方面触及用户，才能最终产生转化率。绝大多数情况下，需要“邀请”用户做一些事情，比如购买电影票或者其他。因此，行为召唤元素的使用就显得尤为重要，可以像在网页中设计行为召唤按钮一样来设计这些行为召唤元素。

与网页设计不同的地方在于，海报中的行为召唤可能不那么简单直观。通常海报中的行为召唤元素是提供活动信息，或者联系方式，更现代的做法是提供二维码。就目前来看，提供二维码作为快速打开特定服务、链接、功能的入口，能够带来更多的可能性，也有可能提升转化率。

8. 用优质的排版营造吸引力

海报本身是各种排版的试验场，也是设计师最热衷于发挥创意的地方。有的海报融合各种插画，产生疯狂而炫酷的效果；有的海报则仅仅用到字体和色彩，同样可以非常具有表现力，重点在于排版。

海报中的排版设计和其他排版设计遵循着同样的原则，但是可以使用更加大胆的字体，用更加具有表现力的手法。不过，使用任何字体和排版都需要尽量贴合当前的项目要求和调性，传达出对的情绪。

（来源：《10 个技巧，帮你设计完美海报》，http：//www.woshipm.com/pd/1411067.html/，2021 年 3 月 15 日引用）

## 实战训练

### 网店的装修

**【实训目的】**

1. 根据不同商品合理规划网店的整体布局。

2. 掌握商品分类的原则。

3. 理解网店装修及其相关术语的概念与意义。

## 【实训内容】

1. 根据分类原则，进行网店的商品分类。
2. 设计一个店招，要求包括店铺标志、店铺活动等。
3. 进行网店的初步装修。
4. 根据时间节点，设计当前的主题活动海报。

## 【实训思考】

1. 注意从客户视角审视网店的整体布局和商品分类。
2. 在商品装修过程中注意商品特点与色彩的选择搭配。
3. 思考海报设计中场景和氛围对商品的烘托作用。

# 第 6 章

# 网店营销与推广

## 6.1 平台免费推广方法

### 6.1.1 论坛发帖回帖及精华帖

论坛是互相交流经验的平台，任何人都可以进入，商家可在不同板块中讨论和分享各种经验经历，同时通过软文、图片提高店铺的曝光度，是不错的免费推广途径。

#### 1. 回帖推广技巧

（1）回复预期会火的帖子

通常回帖要抢占好位置，比如对一些可能会火的帖子有预见性，抢占前排的回帖位置，加上适当的宣传，可能获得一些店铺免费流量。

（2）参与有争议的帖子

争议性的话题会引起很多人的讨论，例如某商家问店铺装修到底重不重要，如果就该话题发表一下“煽动性”的回复，会引起大家的争议，如果回帖在有利的前排位置，就能带来部分流量。

（3）单纯的店铺宣传

如果有人通过论坛浏览了自己的店铺，要记得回访一下，或者直接上传店铺商品图片，做直白的视觉宣传，单纯刷流量。

### 2. 发帖推广技巧

（1）发布争议性话题

这类话题会激起人们的好奇心，点击率会很高。当然，题目应当与内容相关，若内容没有争议，人家只是一看而过，很少会留下只言片语。此时帖子中广告信息不能过于明显，否则会被管理员删掉，甚至封号。可以发隐式广告，使管理员不好判定其是不是广告，同时其也不会因为广告信息太露骨而引起浏览者反感。

（2）分享亲身经历

自己的亲身经历和心得可以引发别人的同感，还可以交到不少朋友。比如分享自己的防骗经历，图文并茂，标题要有吸引力，让其他人有兴趣点击进入标题，并且一定要写得真实。其实现在做店铺，特别是新手商家，很多都遇到过骗子，可以把这些经历当成推广的有效资源，在论坛发挥作用。

（3）店铺经验分享

可以分享平时经营店铺的个人经验、独特心得体会以及一些小技巧等。这类经验分享一定要贴出实际证据，比如说一个月上三钻，需要贴出信誉时间等截图，这样才更有说服力。

通过回帖或者发帖方式宣传推广店铺，建议一定要丰富自己的发帖内容，让内容吸引人，才会给店铺带来流量。

### 3. 精华帖“加精”技巧

精华帖是被版主或管理员加为精华（简称“加精”）的帖子。一般此类帖子内容丰富，有较高的阅读价值，可以被回复，而且作者可以修改原帖。论坛中的精华帖一般都被置顶，便于浏览者查看。精华帖要符合三项要求：原创、好帖、不违反发帖规则。

（1）内容要尽可能翔实

精华帖要既详细又实用，通常字数在 2000 字以上，最高达到 16000 字，平均字数为 3000 字左右。

(2) 图文并茂且原创

一般情况下，图文并茂的帖子比纯文字的帖子对大家的帮助更大。很多教程类的帖子图文并茂，让人很容易学会，所以这类帖子多数被“加精”。

(3) 内容符合版面主旨

论坛每个版面都有自己的定位，虽然很难做到完全切合，但至少不能完全不相关。例如把一个纯文字性的抒情帖子发到经验畅谈版，即使文笔再好，也不可能被“加精”。

(4) 多总结经验、教训和心得

在经营网店过程中，商家总会碰到各种各样的问题，处理过程中，总会有心得体会，不管是成功经验还是失败教训，对自己或对别人都是宝贵的财富。所以要多做总结，各种各样的总结帖也是精华帖的主要来源之一。

### 4. 精华帖题材选用技巧

题材的选定是能否成功的必然条件，因此，在选择写精华帖的题材时需要注意以下技巧：

(1) 能够引起广泛关注的内容

在发帖前，首先要明确发表的帖子能够给人带来什么收获，这个帖子的亮点在哪里，靠什么获得别人关注，也就是帖子一定要有“干货”。

(2) 围绕焦点问题发表看法

社会焦点往往是某时段网民最关注的问题。应该时刻关注网上的焦点问题，并且有自己的看法和见解，如果见解既合理又独特，会吸引大批网友的支持，从而收获大量关注。

(3) 搜集整理热点话题

如果没有很好的文笔，也可以转载别人的帖子。比如对当前顾客、商家最关注的话题进行整理并放在一个主帖里，别人在帖子里就可以找到自己想要的内容，这样的帖子最重要的是方便别人阅读，帮别人节省宝贵的时间。在方便别人的同时，也方便自己。

（4）分享成功经验和专业知识

这类题材必须是自己的经验或者自己的亲身经历。虽然新手商家经验不足，不能像成熟商家那样写出洋洋洒洒的经验，但也可以写出自己的感受和一些成功小经验，以帮助中小商家。因此，经营者要善于总结经验或者教训，自己的亲身经历是真实有效的，最能够打动其他人。

## 6.1.2　添加友情链接

友情链接是一种免费推广方法，也是具有一定互补优势的网店间简单合作的形式，可以增加一部分店铺流量。首先要寻找合适的店铺，该店铺的消费人群必须是自己的潜在客户群，然后向店主说明想要交换友情链接。由于每个商家的友情链接有数量限制，所以不要随意交换链接。选择交换友情链接的店铺，可以从以下几方面考虑：

### 1. 店铺地域

在交换友情链接的时候，最好选择自己所在省或邻近省的网店。从以往经验看，和这些店铺交换友情链接的成功率很高，因为店家看到自己省或邻近省的同行，会倍感亲切，一般不会拒绝。

### 2. 店铺级别

店铺级别建议定位在钻和皇冠，最好四钻以上、两皇冠以下，因为这些店铺的流量非常大，能为自己的店铺引入流量。钻有不同的级别，四钻和五钻是重点，这些店铺快要升级皇冠，流量很大，通常店家都不会拒绝申请。皇冠选择两皇冠以下，因为两皇冠以上的店家可能不会通过较低级别店铺的申请。

### 3. 店铺好评率

店铺好评率是非常重要的，和一些好评率高的店铺交换友情链接可以增加顾客的信任度，当然，前提是自己的好评率也高，这样对方才会同意加为友情链接。

## 6.1.3 增加店铺收藏

店铺被大量收藏说明商品受欢迎，潜在的消费者都可能转化成顾客，而且收藏加购还能够增加店铺在搜索引擎的分值，进而提高自然搜索的权重。店铺的收藏人气量和销售量联系紧密，收藏人气量提高必然使销售量提升。增加店铺收藏人气量，主要从以下几方面着手：

### 1. 优化店铺

店铺设计要新颖漂亮，为顾客带来很强的视觉冲击和感染力，提高其收藏和购买欲望。对店铺的商品分类进行优化，让顾客很快地找到需要的商品，增加顾客的好感，在不断优化中，逐渐打造并强化店铺的定位。

### 2. 设置收藏按钮

店铺的收藏板块一定要设置在靠前、醒目的位置，即使顾客没有考虑要收藏，但看到收藏按钮的时候，会得到提醒。尤其当收藏按钮设计得很有个性、很有调性的时候，收藏的提醒作用会更加明显。

### 3. 加大收藏推广活动

（1）设置收藏有礼

设置收藏有礼需要联合促销工具一起实现，比如可以设置顾客收藏店铺，领取优惠券或者红包，这样顾客在下单的时候享受优惠，这种方法对增加收藏量特别有效。可以设置收藏店铺领取淘金币，100 个淘金币是 1 元钱，在购物的时候，淘金币可以直接抵扣。

（2）客服适当提醒

客服在增加店铺转化率方面很重要。客服在与顾客交谈时，可以引导他们收藏店铺，适当提醒“如果收藏店铺就能够获赠小礼物或者优惠券”。店铺可以设置相关的指标鼓励客服完成此项任务，这样会更有效。

### 6.1.4　平台宣传推广工具

#### 1. 淘金币营销

店铺可以通过淘金币账户给客户发金币，提高他们对网店的黏性和成交转化率。淘金币有很多种用法，最主要是为产品引流或者提升店铺效益。当账户有金币余额的时候，才能参与金币平台的营销活动或流量抵扣等活动。

（1）商品设置抵扣赚金币

开通店铺金币抵扣功能，抵扣力度分为 2%、5%、10%三个等级。另外可以单独设置部分产品的不同折扣，如选择店内主推产品设置更高级的抵扣折扣，提高单品的竞争转化力，也可以将部分指定商品设置成不抵扣金币。金币抵扣功能的规则：100 金币抵扣 1 元现金，70%的金币进入商家账户，其他 30%由平台回收。

（2）金币活动申报赚金币

淘金币日常抵扣活动有 50%和 30%两个力度可以申报。由于选择的时间越近，可报名的商品数量越大，因此，要提前做好活动时间的规划。网店开设初期，产品基础能力薄弱，为了提升报名通过率，选择的报名时间要避开竞争力度大、报名数量多的日期，同时尽可能报优质、性价比超高的商品，从而打破单品目前的流量瓶颈。

淘金币作为商家有效的营销工具之一，能够为店铺带来较多的流量。在淘金币活动中，最受欢迎的是淘金币的店铺签到活动，该活动是淘金币流量最大的活动，也是获取客户成本最低的活动，并且能够让客户重复访问店铺，提升客户黏性。

#### 2. 天天特价活动

对中小店铺来说，天天特价可以帮助其获得高流量展示的机会，增强店铺营销推广的能力。要成功参加天天特价活动，需要掌握下面几个技巧：

（1）找准报名时间

天天特价是提前 3 天审核，报名时间越早越好，并且商品下架日是权重排名最高的时候，因此要将商品下架时间定在活动时间的前3天。例如商品的下架时间是19号，可以报名22号的活动，在22号0点报名，这样不仅将下架时间正好卡在审核当天，而且报名时间也是最早的。

（2）选择差异化的优质商品

在选择报名天天特价的商品时，最好选择店铺中有一定人气和差异性的优质商品，并且商品在近7天的转化率比较高，尽量不要有任何差评。同时还要维护好商品的销量，不能让商品销量出现太大的波动，否则很难通过审核。

（3）超高性价比

既然是天天特价，那么商品的价格肯定不能定得太高，要比平时价格低40%左右，但是也不能太低，否则会让顾客感觉质量不过关。因此，超高性价比是前提和基础，不虚高标价，报名的客单价最好不高于50元。

（4）优化主图及详情页

天天特价要求商品的主图不能出现任何的文案，而且背景不能是纯白色，也不能带有任何品牌LOGO，否则无法通过审核。经验证明，能够突出产品主题并且清晰美观的主图，更容易通过审核。

### 3. 免费试用推广

在新品刚推出时，由于产品性能、功效等方面都不为人知，打造品牌非常困难，故而可以通过免费试用直接让利给消费者，吸引一些顾客来试用商品，提升店铺的销量。客户试用后会对试用商品进行客观评价，让大家真实了解这款商品，从而吸引更多客户。免费试用可以帮助店铺赢得巨大流量和好评，树立品牌和店铺形象。免费试用最直接的效果之一是提高收藏量，只要有收藏就有转化的可能。

（1）申请要求

对于淘宝自有的试用平台，商家参与门槛较高。比如集市店铺要求1钻以上、加入消保、99%以上好评率；商城店铺要求店铺综合评分4.5分以上、90天内没有因商品质量问题被投诉。此外，还要求商家加入7天无理由退换货。

（2）商品要求

试用产品必须是原厂商生产的合格、全新产品，在良好保质期内；食品、化妆品等必须有相应的质量证书；满足试用品的最低数量和价值要求。

（3）推广技巧

①适合流量和好评都不多的商品。参加免费试用体验活动，商品既免费，还包邮，在顾客关注度和销量方面不会差。因此，店铺要提高流量，可以选几件商品参加免费试用活动，可能会达到非常好的效果。

②免费试用活动结束后，客户提供试用报告可以提高产品的好评率，促进产品销量。若试用报告做得很好，商品口碑也会得到有效宣传。

③利用免费试用活动促进其他产品的销售，前提是做好产品之间的关联销售，如此不但能提高整店的销售量，还能把因活动亏损的部分赚回来，达到很好的效果。

④给出优惠的价格，促进二次销售。若客户试用某些产品感觉效果很好，可能会继续购买，需要规划好二次购买的折扣优惠等。

### 4. 聚划算活动

网店要考虑各种办法提高店铺流量，“聚划算”是获取流量成本极低的方式之一。聚划算活动策划技巧如下：

（1）规划方案

店铺整体的规划方案包括活动全过程的客服、运营、仓库、美工等各环节相互协调配合，还有营销活动策划，此外，每项内容要尽可能安排得详细周到。

（2）提前打包

大部分顾客购买聚划算活动款，通常只买活动商品，商家可以提前完成打包，待客户下单后，直接贴上快递单发货，极大提高效率。

（3）做好预热

依据活动方案将活动公告放到店铺首页和详情页，并且通过短信、微淘、旺旺等各种方式通知客户，鼓励其提前收藏加购，加大直通车和钻展力度，做好活动前圈定客户工作。

（4）营销手段

增加产品的整体营销手段，比如前一个小时半价，营销手段一定要丰富，保证活动产品的销售。

（5）活动复盘

活动结束后，做好活动跟踪很关键，也要提前做好调整。比如，活动结束前定时设置好折扣，活动结束后产品恢复日常价格；结束后，及时更改活动页面中的促销信息，避免顾客再次咨询促销问题，减少客服压力；根据活动的数据总结经验，为下次活动做准备。

### 5. 限时打折

如果采用限时打折的促销方式，客户在搜索商品时，只要同时搜索“限时打折”，即可搜索到参加活动的商品，这样有助于提高店铺转化率，能把更多流量转化成有价值的流量。另外，商家还可以通过满就送活动，提高店铺整体的客单价和交易额。限时打折的使用技巧如下：

（1）设置好促销内容

做促销活动时不宜将所有商品都打折，可以根据自身实力和不同客户的需求选择有销量、评价好、人气高、有特色的商品参与促销。打折力度要根据利润而定，既要让消费者心动又要有合理利润。促销时，选择流量比较集中的时间段，而且整个活动时间不宜过长。

（2）做好前期推广

在活动前，要充分利用各种渠道做好宣传推广，比如发短信息给老客户，利用微博、微信、微淘等广而告之，店铺首页铺设促销广告，设置旺旺个性签名以及自动回复等，这些都可以将促销信息有效传递给顾客。活动商品尽量集中在一起，方便客户更快地找到促销的相关信息。前期工作做得越好，带来的流量和转化率就越高。

（3）打折商品以老带新

在选择打折商品时，可以按新旧商品搭配的组合，旧品促销可以清理库存、汇拢资金、利于店铺周转；新品促销可以聚拢人气、打开市场、给店铺带来长远的流量和成交。将两者有效结合才能相辅相成，打开营销局面。

（4）做好细节工作

活动期间订单多，做好相关的细节工作至关重要。比如清点好促销商品的库存量，将库存设置成与实际库存相匹配的数量，拍下减库存，避免因库存不足造成客户不满和退款；可以提前包装的商品就提前打包、分类放好，便于发货时节约更多时间；对于不能及时发货的商品，提前和客户解释清楚；物流方面要和快递公司保持联络，最大限度解决好各种问题；针对客户提出的常见问题，设置快捷回复，和客户交流时注意态度和方式等。

（5）做好商品详情和售后服务

促销商品不同于其他商品，要格外做好商品详情的图文说明，要将商品的优惠原因和恢复原价的时间交代清楚，避免因活动前后价格差异，引发客户不满；对于个别清仓促销商品的瑕疵部分，要向客户提前说明，也可以请客户在收货时把相关的问题及时反馈，并及时给予解决。这些真诚细致的服务会减少因打折商品而出现的差评和售后纠纷。

（6）做好客户资源管理和延伸服务

促销活动会带来很多客户朋友，这是店铺的宝贵财富，要及时加这些客户为好友，邀请他们成为店铺会员，给予相关的会员等级优惠，以后再有促销活动时，第一时间通知他们，力争让这些客户成为老客户、忠实客户。

### 6. 搭配套餐

搭配套餐是将几种商品组合在一起，以套餐的形式销售。客户只要完成一笔交易，即可同时销售多件商品，提升网店的业绩，也能够提高店铺转化率，增加商品的曝光度，一定程度上也能够节约人力成本。所以说利用搭配套餐不仅增加订单量和店铺人气，而且这样整体搭配推广，更能提高产品整体的交易额，推广效果会成倍递增。需要注意的是，组合搭配销售的产品要有共性，可以按照以下方法考虑搭配：

（1）同类商品搭配满足最初需求

比如商品是华为的手机壳，可以做这样的搭配套餐：两款不同的华为手机壳搭配，给出更加优惠的价格，这是合理的；但如果搭配一个三星或者苹果手机壳，就不合理。顾客是搜索华为手机壳进入店铺，目标是购买华为手机壳，就算苹果手机壳与华为手机壳搭配起来很便宜，也不是他所需要的，他根本就不会购买。

因此，做这种同类或相似的搭配套餐时，一定要抓住客户来店的最初意向进行合理搭配。

（2）不同类商品搭配满足关联需求

比如销售泳衣的店铺，主打单品是某款女士泳衣，这个单品可做这样的搭配套餐：女士泳衣+泳镜+泳帽，这就抓住了顾客的关联需求。不做套餐时，客户只会买一件泳衣，做搭配套餐后，勾起客户的关联购买需求，客户还会把泳镜和泳帽一起购买。

因此，做单品关联搭配时，需要考虑顾客在使用该产品时还需要的其他商品，可以把这些商品做成搭配套餐销售，提高店铺的客单价。

（3）互补型商品搭配要合理

比如销售男装的店铺，对主打的西装单品做出搭配套餐：西装+领带+衬衫，同时对搭配好的商品进行拍摄。客户在购买时发现其他商品也是自己需要的，而且也很喜欢这种搭配方式，就更容易一并购买。

因此，在做互补型商品搭配套餐的时候，一定要考虑搭配套餐的合理性，站在客户的角度考虑商品的搭配。

（4）价格型搭配体现真正实惠

比如卖牛肉干的店铺，一包五香牛肉干的价格是35元，一包香辣牛肉干的价格也是35元，做一个搭配套餐：一包五香牛肉干+一包香辣牛肉干=55元，让顾客感觉非常划算。也就是说，搭配完的价格比单独购买的价格更实惠和超值，激起顾客购买套餐的意向。

因此，做这种价格搭配套餐时，只要利润不亏损，尽量设置更实惠的价格，提高店铺的客单价。

### 7. 商品“满就送”

“满就送”是只要买满一定金额或数量，或者只要购买任意商品，即可获得赠品。赠品的内容多种多样，可以是礼品，也可以是现金、积分，或包邮等。系统会自动计算客户所购商品达到多少金额符合赠送条件，现金会自动扣减，包邮也会自动减掉邮费，不用修改运费价格。要想达到良好的销售效果，赠品的选择非常重要，可以从以下几个方面考虑：

（1）赠品与主产品有关联性

赠品最好与客户购买的商品有关联，适合主营产品的顾客群。例如买电脑送鼠标、买鼠标送鼠标垫等。如果赠品不适合客户，很难达到促进销售的目的。

（2）美观或实用

赠品是免费的，但还要具备“美观”或“实用”两个功能中的一项，否则对客户没有用处，送了也相当于白送。

（3）进价便宜

赠品的成本价格要控制好，需要从正价商品的利润方面考虑。赠品的进价要比正价商品的纯利润低才不会亏本。当然，赠品价格越高也越有吸引力，这要根据店铺情况量力而行。

（4）利于保存和邮寄

赠品应该选择轻便且不占空间的物品，如果赠品很重，甚至超过 1 千克，那么商家除了负担赠品成本外，还需要支付赠品的运费，增加额外的成本有可能导致亏本。

## 8. 店铺优惠券

店铺设置优惠券的目的是提高店铺转化率和客单价。顾客在店铺购买商品结算时，消费额度达到优惠券的使用要求后，会自动优惠相应金额。商家可以在不用充值现金的前提下，针对新客户或者不同等级会员发放不同面额店铺优惠券。店铺常规活动优惠券设置技巧包括：

（1）根据平均客单价设置最低门槛

想要提高客单价，就要把优惠券的最低使用额度设置大于店铺最低客单价。比如平均客单价是 241.04 元，优惠券最低门槛设置成满 299 元即可使用优惠券，从而达到提升客单价的目的。客单价的选择要根据最近一段时间的平均客单价，这样数据更准确。

（2）优惠力度层层递进

客户凑单达到优惠券的最底使用门槛时，价格往往要高于 299 元，可能是超出 299 元还差一点就达到 400 元，所以要设置第二级优惠券，将使用门槛设置到 399 元，这样可能会让客户购买更多。当然优惠券额度也要增加，比如满 299 减 20 元，满 399 减 50 元，满 599 减 100 元，层层递进。切记递进区间不要设置过大，否则客户很难达到，会适得其反。

（3）优惠券有效期

根据类目产品的不同，常规优惠券的有效期设置的时间长短也不同。比如食品类目第二次消费的时间间隔可能较短，设置几个星期就可以，引导客户吃完再来购买。但有些类目的产品优惠券的有效期要长一些，比如鞋子、衣服等商品，其换季消费可能要间隔好几个月。

（4）注意优惠券和其他活动叠加

优惠券设置后一定要测试，防止优惠叠加后店铺出现亏损。优惠券和满减活动以及折扣活动是可以叠加的，所以设置优惠券时，一定要考虑到店铺其他活动，提前测试一下，查看最终的优惠价格是否合理。

### 9. 店铺红包

店铺红包是由商家自己设定的全店通用的代金券，可以设置分享抢红包、关注店铺送红包、收藏送红包等，顾客的下单金额高于店铺红包面额即可使用。店铺红包的设置技巧如下：

（1）红包内容

店铺红包设置分三个方面：面额、张数、有效时间。面额需要设置得有吸引力，对于店铺来说，一般控制在客单价内，如果产品平均价格是 100 元以内，那么店铺红包设置面额为 5 元即可；关于红包数量，很多店铺根据日平均订单数量确定，比如主推某款产品，增加了促销活动或者做付费流量，那么店铺就需要多设置红包数量；有效时间要根据店铺的具体情况确定，如果产品特别有吸引力或者客流量特别大的时候，可以把时间设置得短些，比如一周设置一次。

（2）风险可控

对于店铺销售价格比较低的产品，设置店铺红包时，需要做好风险的控制。比如包邮的商品，加上运费再使用店铺红包，相当于抵减了运费，要根据店铺的实际情况确定。

（3）首页展示

设置店铺红包，最好在店铺首页展示出来。因为顾客很多时候没有领取店铺红包就直接拍下产品付款，事后发现再来要求返钱，增加客服的工作量。所以，如果设置了店铺红包，就要做好标注和提醒，让顾客一进店就可以看到。

## 10. 设置 VIP 会员

对于网店来说，老客户非常重要，可以利用 VIP 会员来维护。VIP 卡是由平台设定的优惠卡，客户持 VIP 卡在平台购买支持 VIP 卡的商品时，商家给予一定程度的折扣优惠。商家通过将普通顾客变为会员，分析会员消费信息，挖掘顾客的后续消费力，并通过客户转介绍等方式，将客户价值最大化。这样做的最终目的有两个：一是让会员直接产生购买行为；二是对客户产生隐性影响，扩大宣传，产生广告效应。会员营销技巧如下：

（1）挑选忠诚会员

商家可以根据会员近期是否到店消费、消费金额、交易量等多个维度，对所有的会员进行筛选，挑选出店铺的忠诚会员。要保证发放的会员优惠券能到达最需要的会员群体，使收到优惠券的会员有一种“至尊独享”的优越感，而对于需求较低的会员，要降低爆炸式信息产生的负面情绪。每个店铺可根据会员的特质，细分出潜力会员、即将流失的会员、一次性会员等不同类型。前期做好明确的会员范围规划，有利于后期的会员关怀与维护。

（2）发放差异化的优惠券

细分筛选出不同等级的会员后，需要加强各个等级会员的等级意识，商家要积极有效地引导。一张优惠券，不但可以吸引新会员二次消费，增加老会员黏度，更是一次让会员再熟悉店铺的机会。为每个等级的会员发送不同的优惠券，让不同等级的会员享受到最适合的优惠，能起到事半功倍的效果。

（3）做好后期维护

在优惠券发送后，要跟踪后期的使用数据，掌握有多少优惠券生效了；然后从庞大的数据中，筛选出有价值的信息，对优惠券的面值和类型进行及时调整，这样才能使店铺的客户关系得到更好发展，使后续会员营销呈现最佳的效果。会员维护是个长期工程，商家应与客户形成良性互动，让会员对店铺产生依赖。

## 6.2 平台付费推广工具

所有的推广方法都分为花钱的和不花钱的两种，“花钱省时间，花时间省钱”。前面的平台免费推广方法省钱，但是需要花更多的时间分析、思考和研究，而能起到立竿见影效果的通常是付费的推广工具。

### 6.2.1 直通车推广

直通车是按点击付费的效果营销工具，实现商品的精准推广。一般来说每件商品可以设置200个关键词，商家可以针对每个关键词自由定价，能看到自己的排名位置，并按实际被点击次数付费。直通车的推广手段主要是关键词推广和定向推广两种。

#### 1. 关键词推广的选词技巧

（1）系统推荐词

在添加直通车关键词时，系统会推荐一些关键词，可以根据关键词的相关性、展现量、转化率、点击率等指标，挑选出与产品相关度很高的关键词。另外还有最近热搜词、飙升词等也可以作为选词的参考，切不可盲目添加，综合分析后再添加。

（2）搜索下拉框词

各平台首页的搜索下拉框中都有消费者常搜的关键词，可以从中挑选出搜索量大、转化高的词作为关键词，这些词的流量较高，另外一些属性词也可以参考使用。

（3）同行关键词

可直接参考同类目热门店铺的热销同类商品的关键词，运用一些软件直接套用别人店铺的热词，这样做很轻松，流量也不会小，但是要注意的是，虽然流量进来了，但转化率一般不会很好，需要不断调整和优化。

（4）利用工具选词

比如生意参谋里有很多关于店铺以及同行的数据，可进行数据统计和分析，进而搜索一些关键词。最好选择一些范围比较大的词，并且这些词需要跟产品属性相匹配，也可以选择一些相关的词进行自由组合。另外在选词的时候要关注这些词的人气、点击率和转化率等，然后再不断筛选出自己需要的关键词。

### 2. 定向推广的投放技巧

定向推广是指通过直通车把所有购买过该产品的客户搜索习惯、收藏类型、个人信息等记录下来，进行顾客群定位，把推广信息展现给所需要的顾客群。可以针对不同的顾客群和投放位置进行推广，因此，只要操作设置得当，定向推广比关键词推广带来的流量更有价值，更容易提升投入产出比。

（1）选对类目

将客户兴趣反映到类目，把类目的商品主动推荐给客户，千万不要放错类目。因为客户在某种程度上相对稳定，各类目的流量也相对稳定。合适的类目与自己的商品相匹配，能保证一定的流量。

（2）选对商品

最好选销量好、搜索表现好、点击率高的商品。标题和图片内容保持一致，标题内容有足够的商品信息。按照综合得分排名展现，综合得分 = 质量分×当前竞价，其中质量分是商品点击率、图文创意、店铺综合评分等因素的统称。定向推广图一定要干净整洁，基本要求与商品首图的要求一致。

（3）合理设置时间段

不少网店常常遇到定向出高价而没有展现的情况，除质量得分低外，还可能跟推广时间有关。可以用定向的时间段法，如在凌晨时把折扣设到100%，争取引来凌晨的流量，这样在流量高峰期更容易获得定向的流量。

（4）精准顾客群定位

要锁定一个目标客户群体，有针对性地选款。因此，要分析消费顾客群，确定阶层、购买力、年龄段、性别等，对主要顾客群进行加价定向推广。

（5）控制站外推广

关闭或者低力度推广站外的定向，防止通投位置展现量很大，点击率比较低，定向质量得分降低。

## 6.2.2 钻石展位推广

钻石展位（简称钻展）是依靠图片创意吸引客户点击，可跨类目，获取巨大流量。它是按照流量竞价售卖的广告位，按照出价从高到低进行展现。可以通过兴趣点来精准定位顾客群，流量需求不一样，投放策略也不同。因此，商家要多计划、多时段、多人群地投放。

### 1. 钻石展位点击率的影响因素

钻展投放是商家用得较多的付费推广方式之一，在钻展中最为重要的指标就是点击率。如果钻展投放的点击率比较低，那么就是一个没有效果的投放。影响钻展点击率的因素有哪些呢？只有了解这些因素才能把钻展投放效果做到最好。

（1）创意图片

图片是否美观？能否吸引客户？能否让客户产生点击浏览的欲望？关键是有一定的利益点和吸引的噱头。这不仅仅是设计师的工作，还需要运营者的配合，相互沟通才能设计出满足客户需求的图片。

（2）展示位置

如果选择客户点击较少的位置，创意再好的图片点击率也不会太高。那么钻展的位置如何选择呢？可以到钻展后台计算出每个展示位置的点击率，从中选出点击率最高的进行投放。

（3）合理出价

钻展要做到合理出价，即理性地控制运营成本。通常情况下，出价越高越能引入更多的流量，而且都属于优质流量，但是商家也不能盲目地出高价，要懂得合理安排运营成本。

（4）定向精准

钻展需要根据地域和顾客群进行投放，有兴趣点定向、新兴趣点定向和访客定向等，如果定向精准，一定可以获得可观的精准流量。

### 2. 钻石展位的投放技巧

（1）圈定高精准的顾客群

钻展投放必须有目标地进行，一定要事先把顾客群定位好，即圈定投放顾客群，圈定的人数越少，顾客群的定位就越精准，投放的费用也会越节约。可以对圈定的顾客群进行精准排序，尤其要做到智能定向人数大于营销场景人数大于相似商品定向人数。

（2）根据客户行为定向

定向的常用方法有三种，分别是相似商品法、直通车关键词法和相似店铺法。相似商品法是利用相似的竞争产品去圈定感兴趣的群体。直通车关键词法主要通过客户搜索的关键词，观察最近 14 天或者 30 天内的成交额，确定顾客群和商品款式。相似店铺法定向于浏览过店铺或者有收藏加购等行为的顾客群。

（3）通过出价判断顾客群竞争度

不同的出价和扣费可能有相同的展现，这样能判断出扣费更多的定向顾客群竞争更大。同时还要注意出价的时段消耗，如果出价的时段消耗较高，顾客群的竞争度也高。

（4）利用测图效果制定投放策略

测图的一般思路是计划——定向——位置，可采用 CPM 模式进行测试，也可利用定向顾客群进行测试，密切关注点击率、点击单价和回报率等情况。可以利用定向扩展，对资源位进行测试，判断哪个资源位比较好；也可以利用创意扩展，若测试出效果非常好的创意图，则可以增加同尺寸的资源位或者定向顾客群；还可以进行定向资源位交叉测试，如果测试出好的资源位则加强定向测试，测试出效果好的定向则加强资源位测试，由此形成交叉，加大花费促进更好的效果。

### 6.2.3 超级推荐推广

超级推荐是基于人群和资源位的一种推广方式。它会根据人们的消费习惯和购物能力等数据，主动给顾客推荐产品，实现从人找货到货找人的转变，其通常带有“hot”“推荐关注”“直播中”等标志。比如在手淘首页和猜你喜欢、购物车、支付成功页面等推荐场景中穿插推广信息，再比如微淘关注热门、有好货、直播广场精选等模块中的推广信息。

#### 1. 超级推荐推广方式

（1）商品推广

以商品为主体的营销推广，将商品推广至猜你喜欢等优质的资源位，包含新品推广、爆款拉新、自定义推广等多个智能和个性化营销场景，按点击收费。

新品推广是针对新品的，系统会提供绿色通道，减少冷启动时间，加快新品获取流量的计划。优势：优先展示通道，面向新品偏好人群，具有专属的新品创意。建议新品参与。

爆款拉新是系统智能拉新，触达优质新客，帮助商品获取流量。优势：系统智能控制，操作简单。建议主推款参与。

自定义推广是商家自己设置定向、资源位、出价、创意等进行的商品推广。优势：手动设置，可控性强，优化方便，自定义的技巧多，超级推荐的大部分方法都体现在这儿。

（2）图文推广

以图文或者短视频为主体的营销推广，将内容推广至猜你喜欢、微淘，按点击收费。推广方式分为智能推广计划和标准推广计划。智能计划只需设置预算、投放时间等关键要素，投放人群和资源位的选择由系统自动完成；标准计划需要设置定向、资源位、出价、创意等推广要素。

（3）直播推广

直播推广是目前最热门的推广方式，是以直播为推广主体，将直播推广至直播广场、猜你喜欢等优质资源位，按点击或展现收费。直播推广的出价是对顾客群出价和资源位溢价。需要强调的是直播推广一定要在直播间开启时进行推广，直播间结束不能进行推广。

### 2. 超级推荐的推广技巧

（1）选定投放计划

商家制定好投放计划后，需要针对投放的顾客群进行智能投放，或自定义投放。关于智能投放，可以一键完成拉进新流量、维护老客户等多种诉求计划，做到高效投放；关于自定义投放，需要自定义顾客群、出价、资源位等，增加投放的自主性。

（2）定向顾客群

利用超级推荐的智能顾客群、拉新顾客群、重定向顾客群等多种功能选择定向顾客群，让系统有足够的时间来挑选匹配的消费者，找到产品的目标顾客群后，商家就可以针对目标顾客群进行重点顾客群营销，提高转化率。

（3）上传创意

商家要选择多种创意形式，如通过商品详情、图文、短视频、直播创意等形式与消费者进行多样化沟通，才有利于提升点击率和转化率。

（4）评估效果

超级推荐能够对消费者的价值体系进行衡量，全面评估推广效果，实现潜在客户、新客户、老客户间的流转，助力消费者运营，从而维护店铺的客户群。

## 案例赏析

### 只用买一送一的商业模式，获取大量精准用户

一个网络品牌的男裤，每个月花 10 万元做广告，一个月只赚 4 万元，意味着每月损失 6 万元，改变商业思维，把损失直接转化为利润，在不到 8 个月的时间里

赚了 2000 万。

如何操作？很简单，买一送一。很多人一听，买一送三都卖不出去，买一送一会有用？该怎么送？请注意，这里的买一送一是买一条裤子送一条同样的裤子，但送的这条裤子不是给你，是给你的朋友。

换句话说，就是这样的：客户买一条男式裤子，然后写下自己朋友的收货地址，男装店以客户的名义送给客户朋友一条价值几百元的裤子。如果你收到朋友寄来的几百元的裤子，你感激吗？肯定感激，也想看看这家商店吧？会不会自发地传播一下？

这就抓住了用户的人性。对用户来说，得到了朋友的感情；但对男装店来说，作为回报，顾客增加了一倍。收到礼物的朋友看到裤子还不错，质量也很好，没准就成为该男装店的顾客。招数看起来很简单，但通过这个简单的模式，男装店扭亏为盈，其通过这种模式获得的客户质量非常高。

为什么？因为你送裤子给朋友，他一定是你非常好的朋友，消费习惯可能和你一样。对男装店来说，这样做快速降低了开发客户的广告成本，而且是有利可图的，获得了大量精准的用户。

（来源：《网店推广案例，只用了买 1 送 1 的商业模式，获取大量精准用户》，https：//www. xkbaba. com/3201. html/，2021 年 3 月 23 日引用）

## 6.3 社交互动营销与推广

社交互动营销是利用社交平台，以客户交流和关注点为基本，从个人在社交媒体的信息足迹和人际关系链出发，将产品或服务推广巧妙地融入社交互动中，在一定程度上形成“口碑营销”，进而通过互动激发更多群体参与进来和传播出去，形成几何数级传播力度，从而创造更好的品牌价值或者销量增长。社交互动营销是近几年来备受推崇的营销战略，将营销扩展到产品过程的每一个层面，每个层面都比一般营销战略加强了与客户间的互动。在互动营销过程中，除了树立客户对品牌的信任度，提升品牌体验外，还能在互动中更加直观地对客户和市场有更深入的了解。

## 6.3.1　利用百度平台推广

### 1. 百度知道推广

百度知道有两个直接的好处：一是带来直接的流量。如果回答的问题能够带上链接，那么每天会有不少客户顺着链接直接访问。二是高权重。如果问题带有网店的关键词，客户搜索时会搜索到，网店曝光度会得到提升。百度知道推广包括三个方面：账号的准备、提问内容、回答内容。因此，做百度知道推广的技巧主要体现在养账号、提问技巧、回答技巧。

（1）养账号

账号等级越高，可信度越高，回答问题的时候，被删的风险就越小。所以，要学会养账号。随着百度知道算法不断完善和升级，账号升级也越来越难。那么如何养账号呢？

①借力。如果想升级快，可以加一些百度知道的相关群，在群里进行互动。注意在群里互动的时候，不要回答一些违禁词、灰色词，否则会影响账号等级质量，也不利于后期的推广宣传。

②加入百度知道的芝麻团，一起做任务，奖励也很可观。

③自问自答，有一定风险，但可以偶尔执行一两次。

④回答别人的问题，也可以给自己加分。可以通过百度知道问题分类，找到相关领域，回答别人的问题，如回答对提问者有实际的帮助，被采纳的可能性非常大。注意：最好不要直接打广告、留链接。

⑤回答问题达到一定数量时，可以到百度知道商城抽奖，中奖率最大的就是双倍积分，能加快升级速度。

（2）提问技巧

提问也是有技巧的，下面主要讲一些实用小技巧：

①标题要多样化，包含推广词。提问时，不要硬生生地插入推广关键词，否则提问成功率就大大降低。建议在提问的时候，采用标题多样化的形式，并且包含关键词，比如可以这样提问："想购买某类产品，谁知道哪家产品好？求推荐。"这类提问存活率相对较高，当网友有同类需求时，会有点击欲望。

②补充问题不可忽视。在提问的时候，大家会过多注意标题，却忽视补充问题这个小细节，其实补充问题时可以再次提及关键词，有利于提升其搜索引擎排名。

（3）回答技巧

回答和提问一样，也需要掌握一定技巧，具体如下：

①回答问题时，不可留微信、QQ、电话，否则容易被封号。应该学会适当引导网友，用第三方推荐的方式进行回答，如带一些品牌词，要提前把品牌布局好。

②回答问题不宜太专业化、官方化，要尽可能地使用口语。

③给自己店铺做问答推广时，不必总是强调网店有多好，要学会适当说不好，以体现真实性。

④回答问题时，等级账号多样化最好。如交替使用匿名账号、低级账号、高质量账号，账号最好设置头像，特别是针对手机端客户。

### 2. 百度经验推广

百度经验和百度知道的最大区别：一个是主动的，一个是被动的。只要是百度自身的产品，权重都会很高，经验权重也一样，一篇好的经验不比软文传播效果差，而且经验中的外链很稳定，别人不可以修改经验内容。经验主要的内容是写一个事情的解决过程，注重的是过程，只要能把过程写清楚就可以。优秀的经验会被推荐到首页，首页的经验转化率很高。百度经验推广的技巧如下：

（1）标题简短明了

经验主要是解决"怎么做"，所以标题最好是"××的解决方法""××的做法"等。不要为了关键词排名，把标题搞得太复杂，否则会适得其反。

（2）内容要具体

经验内容中的步骤一定要写具体，不能少于三个，否则审核不易通过。比如：分享电脑主机的购买方法，购买步骤要一条条写清楚，写不清的步骤可以用图片说明。客户在搜索的时候想要看到具体的操作步骤，所以要考虑到客户体验。

（3）添加外链

链接不要放在经验首页，步骤中也不要加入，参考资料是加链接的首选位置。比如电脑主机的购买，可直接在参考资料中加上链接，也可以对参考资料进行介绍，但广告不要太重，否则不容易通过审核。

### 3. 百度百科推广

百科词条的提交是比较麻烦的，所以对于店铺产品而言，如果已经有相关的词条，就尽量去修改完善，但修改时也要提交修改的原因，这是编辑审核通过时最重要的标准。在编辑词条的时候，广告内容不要太多，最好写些实在的东西。利用百科推广需要注意的事项如下：

（1）认真打好草稿再提交

百度百科是权威性比较高的平台，虽然不要求有很好的文笔，但是对于语句不通顺、语法不正确的内容，一般不会通过。

（2）留链接要编辑较多的文字

如果编辑别人的词条时仅仅是加入一个链接，其他并没改动，那么几乎不可能通过审核。所以，在加链接前，对前面的文字内容要进行认真编辑，最好加入相关的原创文字，这样通过率会提高很多。

（3）不要仅为推广编辑词条

编辑词条的目的是为了推广，但不能只为了推广去编辑词条。这里有一个通过率的问题，百度会记录下每个账号所编辑的所有词条：通过多少，待审核的多少，未通过的多少。编辑的词条越多，通过率越高。为了提高通过率，一定要选择自己熟悉且有把握的词条去编辑，比如自己的学校、家乡，或自己了解的某个名人、某个电影等。

### 4. 百度贴吧推广

贴吧是基于关键词的主题交流社区，与搜索紧密结合，准确把握客户需求，是为兴趣而生的。不论是大众话题还是小众话题，都能聚集同好网友，展示自我风采，结交知音，搭建别具特色的“兴趣主题”互动平台。做好百度贴吧推广主要从下面几点着手：

（1）选择合适贴吧

首先贴吧的选择至关重要。人气不能太低，太低的话，就算发的帖子每天置顶也不会有人看到；人气也不能太高，人气太高，刚发的帖子很快就沉下去了。其次要选择跟产品相关、客户经常聚集的贴吧。选择好贴吧要关注一下，方便以后发帖。

（2）写好软文发帖

在热门和相关的贴吧，细心写内容翔实的软文，用准备好的账号发帖。帖子的标题不但要吸引人，还要有一定的数据支撑，搜索量大的词，才会引来更多的流量，帖子的点击率才会高；帖子的内容要有价值，是网友感兴趣的，比如免费送、免费跟我学、免费教、超低价等，可以在文章内留上官网链接或联系方式等。

（3）顶帖不要频繁

在百度贴吧上发布的帖子，每天都要去顶一次，但不要太频繁。如果频繁地顶帖，很可能会使主题帖被管理员删除。同时顶帖的内容也要注意，不能只有两三个字，也不能使自己的推广意图过于明显。

## 6.3.2 通过腾讯平台推广

### 1. QQ 名片推广

QQ 名片的用途除了表达使用者的个性外，还记录一些档案，这些心情签名文字会永久地保存在 QQ 空间，而且还可以让关注的好友来评价，增加好友间情感互动。因此，其通常也用于商业用途。

（1）头像和签名

可以先不设置头像和广告签名，因为这样很容易被删除，过一段时间再更换头像和签名更为稳妥。

（2）添加号码

在 QQ 签名上添加 QQ 号码或者其他号码的时候不要直接添加，需要适当变换形式，比如用标点隔开等，以免被系统删除。

（3）背景图

可以把名片背景图换成店铺 LOGO、产品活动或者促销广告图片，以更好地引导流量。

### 2. QQ 空间推广

（1）QQ 日志

QQ 日志是提高转化率的好工具，只要把 QQ 日志利用好，基本上引来的定向客户都可以直接转化为有效流量。

（2）QQ 相册

将一些生活照打上描述和水印，或者直接把网店地址添加到照片描述，可以大大提高转化率。每次上传照片的时候最好先做好水印，在传到空间相册的同时还可以传到 QQ 群相册。如果让每张照片背后多一个可以提高转化率的故事，宣传推广效果会很好。

（3）QQ 空间分享

QQ 空间有分享功能，可以分享视频和地址。只要把目标页面的链接填上，就可以分享给所有好朋友，他们只要点击标题，就可以看到分享的内容。这个分享功能很强大，不管是图片、视频或者网站，都可以很轻松地分享给 QQ 好友。分享的东西要有吸引力，让人看到预览就想点击，并且主动分享出去，建议写一些比较有争议性、热门的东西进行分享。

（4）QQ 说说

QQ 说说原来叫 QQ 心情，目的是随时随地分享心情，最好也是选择有争议性的话题和经典语句，由于有字数限制，所以一定要做到几句话就能让人产生了解的冲动。

### 3. 微信群推广

微信群最大的价值就是分享、学习、交友、相互交流沟通，是一个投入成本低又能快速见效果的推广方式。要把群成员的积极性调动起来，才能做出真正的社群营销推广。提高微信群活跃度的方法如下：

（1）明确群性质

这是建立微信群的基础和前提，只有确定建群的目的，微信群才有持续发展的活力。群运营者在建群前，首先要考虑好想打造怎样的群，如产品交流群、互助群还是营销群等。

（2）制定群规

如果微信群没有群规，很多群友进来就开始发广告、私下拉人等，可能会导致有兴趣的群友退群，失去一定的流量。因此，既然要建立微信群，首先要做的就是制定群规，要告诉群友，进群需要遵守群里的规章制度，这样方便运营者管理。

（3）有效互动

微信群一定要有互动，如果不互动，有再多的群友也没有意义。运营者可以通过发放实体礼品、发红包的方式激励群友踊跃发言。

（4）微信群定期换血

运营者要将微信群数据化，筛选出潜水客户，然后注入一些新鲜血液，新群友的加入也能带动微信群的活跃度。

（5）维护好活跃度高的群友

微信群里总有一些人活跃度很高，所以运营者筛选出活跃度高的群友进行重点维护，让他们对微信群产生归属感，持续带动整个微信群的活跃度。

### 4. 微信朋友圈推广

为了在客户面前树立良好的印象，需要打造专业化的微信名片和朋友圈，并且做好以下四个方面工作：

（1）明确定位，专业形象

首先需要对自己的微信有清晰明了的专业形象定位，让目标客户更加精准地找到并了解自己的意图。微信专业形象建设包括昵称、头像、签名、相册封面等，需要统筹规划。

(2) 广加好友，分类管理

添加客户为好友后，根据客户性质进行分类，客户通常可以细分为五类，设置客户备注的时候，可在客户名称前写上对应的数字，代表客户的类别。

①试客：购买时犹犹豫豫，看看再说。

②现客：付费购买成为客户，这是营销的起点，而不是终点。

③忠客：重复购买，有品牌忠诚度。

④大客：一次购买很多的大客户。

⑤转客：基于信任把自己朋友转介绍过来的客户。

运用微信好友的备注功能，建立客户跟进档案，需要完成以下任务：一是修改备注名称。二是设置标签，必设标签如未成交、已成交、已转介绍、客户购买月份等，其他标签如爱旅游、常出差、爱美食、家有小孩、注重养生等。三是记录客户电话号码。

(3) 内容营销，循序渐进

内容营销是微信朋友圈推广最核心、最重要的核心环节，直接决定客户的评价，所以必须循序渐进，切忌频繁刷屏。内容营销有很多方面值得考虑：

①发布的内容

朋友圈发布的内容一定要有质量，不断塑造个人的形象，具体的内容可以包括品牌宣传、产品展示、实景案例分享、团队文化输出、个人形象品牌建立等，从而赢得目标客户的信任和喜爱，增加转化的几率。

②推送时间和选择

早上 8~9 点：新的一天刚开始，很多客户醒来很期待朋友圈更新内容，更重要的是很多人上班的路上可以浏览。

中午 12~13 点：午餐或准备午休的时段，也是忙碌一上午后的休息时间，很多客户会选择用这段时间收发信息，在朋友圈和好友互动。

晚上 21~22 点：很多客户已经躺在沙发或床上看电视，这是一天最放松的时间段，朋友圈也是打发时间的地方。

应充分利用各时间段，把需要推广的内容择机发送。

③发布的频次

发布的内容每天 4~6 条为宜，太少不行，客户基本很难看到；太多也不行，谁都不喜欢刷屏的好友，而且刷屏还会让好友觉得内容没有价值。如果每天就只发几条，而且是精选过的，错开时间段，好友会觉得分享的文章很有内涵，自然会产生好感，长此以往，有了信任，就建立了营销基础。

④发布的形式

朋友圈内容发布形式一定要采取图配文的形式，切忌只发文字，或是只发图片。发出的文字内容要精炼，文字过多的话会被部分隐藏；如果是有创新的内容，隐藏文字也可以，但内容一定要足够吸引人去点开查看全文。

（4）积极互动，激活客户

朋友圈营销不能仅仅是自己单方面宣传，只关注自己的内容，必须和好友互动，拉近感情。常用的互动方式有：积极主动点赞、阅读后评论、转发客户经典内容并配上心得、及时回答问题、和意向粉丝私聊、主动发起话题等。

## 6.3.3 站外论坛推广

站外论坛推广是利用论坛这种网络交流平台，通过文字、图片、视频等方式发布产品和服务信息，从而让目标客户更加深刻地了解产品和服务，最终达到宣传品牌、加深市场认知度的网络营销活动。

### 1. 论坛推广的方法

（1）寻找合适的行业论坛

知己知彼，方能百战百胜。在论坛营销时，首先要对所在的行业进行分析，然后寻找行业内著名论坛和主题论坛。在主题论坛上进行推广，往往会起到事半功倍的效果。

（2）在论坛上建立权威

推广前期，为了打响品牌知名度、建立权威，要有自主性，积极在论坛上参与讨论、发表意见和看法。同时要时刻留意论坛上会员的动态，如果发现有会员遇到问题和困难，应主动出击，积极帮忙。久而久之，一定会在会员心目中树立权威形象，有了权威性，再推广产品和服务，可信度会大大提高。

（3）不要目的性很强地发广告

几乎所有人都排斥论坛上的广告，而且会对发广告的人产生抵触心理。为了避免被会员排斥甚至被封账号，切勿在论坛上发广告，尤其是目的性很强的广告。

（4）利用论坛签名做促销

论坛签名是比较好的促销平台，促销效果与签名的吸引力密切相关。打造个性化的签名，在签名中插入产品和服务内容，同时留下链接，加大宣传力度，可以让有意者看到宣传的产品和服务，并主动取得联系。

（5）利用个人图像和免费推广位做宣传

注册论坛后，制作一张尺寸大小适中的广告图片作为个人图像，加大品牌的曝光率，同时也方便看帖的朋友了解自己的店铺和产品信息，达到广告宣传的效果。有些论坛的主题会有免费的广告位，充分利用这些广告位刊登产品、服务信息，加强营销推广。

### 2. 论坛推广的技巧

（1）了解论坛的特点

论坛推广的前提是要了解论坛。快速了解论坛的方法是收集 20 个左右以往点击和回复较高的帖子，归纳总结这些帖子的标题由什么组成，不妨将论坛帖子归为三类：体验分享类、媒体焦点类、问答类。前两者的点击和回复通常较高，能够制造流量。个人的体验和技术分享能够引发有共同兴趣爱好人的共鸣，媒体焦点关注的话题则是激发讨论的导火线。

（2）打造高点击的标题

好标题是引起浏览者阅读欲望的关键。经常浏览论坛的人有两种：一种是极其无聊型的，喜欢穿梭在游戏论坛、娱乐论坛；另一种是学习型的，喜欢技术论坛、行业分享论坛等。因此，针对不同的人取不同的标题。娱乐论坛中，多以新奇、搞笑、古怪字眼作为出发点；而技术论坛中，分享资源、行业关注的热门话题、焦点事物、经验等通常有好的点击。

（3）做好内容文档

有了好的标题，使网友对帖子都有了期望值，接下来要考虑内容是不是能够满足他们的好奇心。能够让网友回复的帖子才是好帖子，可以加入一些搞笑的内容，让人看起来比较轻松愉快。

（4）增加论坛曝光率

增加曝光的方法主要有三点：最新发表、热门文章、最新回复。这三条能让帖子保持在靠前位置，也能让帖子有更多的展示机会。最新发表和回复只能在短短几分钟内使帖子占据重要位置，而热门文章曝光时间相对长久。一些论坛常常设置帖子在当天有多少流量、有多少回复、有多少点击才能成为热门文章，或者按照排名来更新。

## 6.3.4 站外微博推广

微博推广是以微博作为推广平台，每个受众都是潜在营销对象，店铺需要做好微博推广，利用微博向网友传播店铺、产品信息，树立良好的店铺和产品形象。

### 1. 微博推广方法

（1）做好定位

带有广告性质或者曝光性质的微博需要做好定位。微博的性质和目的是什么、面向的群体是哪些人、如何让这个群体关注微博、这个群体喜欢什么样的话题等，这些都要有一个清晰的了解，然后给微博打下自己的标签，确定微博的内容是写心情日记，还是发广告等。

（2）增加粉丝量

充分利用QQ、微信群、论坛等宣传微博，让更多的人知道微博；也可以加入有关的粉丝群，关注一些名人微博、同行微博，或者热门微博。增粉是微博推广最为关键的一环，否则其他做得再好，没有粉丝也是枉然。

（3）微博内容

“内容为王”也适用于微博。微博基于文字表达，扩展于图文、视频等表达方式。不管将微博定位为品牌推广还是销售广告，都要通过文字来实现，虽然有图片、视频等形式的表述，但关键依然是如何在有限的字数以内把信息表述清楚。围观、加粉、转发以及评论的数量和质量在很大程度上取决于内容的优劣。

（4）定期更新和维护

定期更新和维护微博，并且同步到论坛、博客、问答等推广平台，形成连锁效应。更新微博的时间，根据微博的定位以及面向的群体决定。

（5）微博互动

定期策划微博活动，做好相关话题搜索、转发、评论等工作，经常与其他微博进行互动，培养粉丝感情。

### 2. 微博推广技巧

（1）设置标签

更新好微博内容，就要设置标签进行分类管理，如果微博内容是产品推广类，就要设置推广类标签，这样方便被人关注。

（2）内容策略

微博的最终目的是分享内容，对于店铺来说，应根据目标客户设定话题，在微博设立初期就要制定内容策略。

（3）有规律更新

注册好微博，却放着不更新，或者一天发 100 条广播，这样的做法都不可取。正确的做法是有规律地更新，但一定都要有实质内容。

（4）主动与别人互动

当别人点评了某条微博，可以和他们进行对话；还可以创办一些热闹的活动，让别人参与，这样才会吸引潜在客户。

（5）善用大众热门话题

每小时热门话题排行以及每日热门话题排行都很有用，积极参与热门话题并适度加入营销内容，可以增加被客户搜索到的几率。

## 案例赏析

### 带着微博去旅行

1. 案例背景

长安福特新福特翼虎#带着微博去旅行#创新媒介互动营销案例获得2017金轩奖年度产品品牌创新奖。带着微博去旅行是目前中国互联网史上最大一次旅游人群总动员。3亿人次参与互动的这场全民旅游盛宴，在微博上建立了国内外99个目的地页，让带着微博去香港、带着闺蜜去旅行、旅行最美风景照等多个活动话题火爆微博。与此同时，明星红人、企业机构、合作景点、旅游局也积极参与，共同掀起了一场线上线下共舞的全民旅游热。带着微博去旅行成为一种时尚，颠覆传统旅游行业的互联网创新营销模式，形成闭环营销服务体系。

2. 营销目标

带着微博去旅行话题合作伙伴包括从省级到县级的各级政府旅游局、各级风景区，涵盖旅行社、航空公司、酒店等旅游消费类商家及旅游周边中小企业等，为参与活动的用户提供了覆盖住、行、游、购一条龙体验的丰富旅游服务，激发用户发微博参与的UGC推广模式。

越来越多的企业和个人通过微博的话题运营，引发网友UGC的话题讨论，共同催热这场线上线下齐发力的全民旅游总动员，旅游企业、机构借此机会获取好感，建立关系，形成闭环营销服务体系。

3. 目标受众

关注旅游的微博消费者。

4. 传播策略

2017年10月8日，新浪微博上已经有超过3亿参与量的带着微博去旅行活动话题运维正式开放，认证企业机构和个人用户，都可以自己创建“带着××去旅行”模式的话题，成为话题主持人参与活动，通过审核后进入带着微博去旅行大活动的子话题。策划话题以低门槛、易参与为前提条件，充分调动用户的自发提供UGC的参与热情。

5. 执行过程

带着微博去旅行项目是目前中国互联网史上最大一次旅游人群总动员。对于广告主来说，通过微博的话题开放形式、创意话题参与其中，提升品牌形象。对于旅游行业和旅游者来说，可以通过大数据分析看出旅游行业的最新趋势和热点。这是一次中国社会化媒体总动员的活动。

本次活动利用合作企业、明星、微博粉丝构成了一个三位一体的营销圈，形成了一个天然的关系网络，三方利益很自然地嵌入其中，企业获得了营销机会，明星增长了粉丝，微博粉丝获得了奖品。参与企业发布了大量的“带着××去旅行”的相关话题，为产品制造了营销机会，提高了用户黏度。

6. 效果总结

带着微博去旅行吸引近 3 亿人次参与互动，发布 9493 万条微博、1.3 亿张原创图片；全面覆盖旅游及周边各行业，共有 268 家企业、政府、旅游机构等合作方，以及 99 个线上目的地页面参与，打造了活动相关的旅行话题，并演绎出不同的旅行创意与网友深入互动，其间这些合作方累计增加粉丝总计 1097 万人次。以北京园博会为例，利用这次活动，北京园博会发起了“带着微博去看鸭”的旅行话题，并申请成为主持人，借势进行话题营销。伴随着 9 月 6 日大黄鸭首度亮相园博园，“带着微博去看鸭”话题冲刺为微博热门话题第一名，并以近 114 万的话题讨论量连续三天居旅游类热门话题榜首。

（来源：《新浪：带着微博去旅行》，http：//a. iresearch. cn/case/5104. shtml/，2021 年 3 月 20 日引用）

## 实战训练

### 对网店进行营销与推广

**【实训目的】**

1. 了解潜在客户获取购物信息的主要渠道。
2. 熟悉平台开店搜索排名规则，能利用排名规则对网店内容进行优化。
3. 掌握网店平台内和网店平台外推广店铺的主要方法。

【实训内容】

1. 针对店铺商品，考虑商品的不同上架时间设置。
2. 尝试将网店商品在平台内进行推广。
3. 尝试将网店商品在平台外进行推广。
4. 尝试利用微信、QQ 等社交平台进行推广。

【实训思考】

1. 网店推广主要有哪几种方式？试以淘宝网为例列举说明。
2. 付费搜索引擎广告主要分为哪几种形式？试对百度推广进行简单论述。
3. 尝试为自己的网店写一份营销策略书。

# 第 7 章

# 商品包装与物流配送

## 7.1 商品包装设计与技巧

包装是商品的重要组成部分，在运输中起保护作用，在客户直接感官中起一定心理暗示作用。当客户拿到商品时最先看到的是包装，若给客户留下非常好的印象，能有效地减少客户对于商品的不满意度，可以说包装是“忠实、沉默的推销员”。

### 7.1.1 商品包装的要求与设计

#### 1. 商品包装的运输要求

除少数难以包装、不值得包装或根本没有必要包装而采取裸装或散装的商品外，绝大多数商品都需要适当包装后才能进入流通和消费领域。运输包装又称为外包装，主要是保护商品和防止出现货损货差。为了保证货物安全到达，货物的运输包装必须科学合理，符合下列条件：

①适应商品的特性，防止货物破损、变质、污染等损失发生。

②适应各种不同运输方式的要求。如海运包装要求牢固、防挤压、防碰撞，铁路运输要求包装防震，航空运输要求包装轻便等。

③必须符合有关国家法律法规和客户的要求。阿拉伯国家规定进口商品的包装

禁用六角星图案等。此外，如果客户对包装提出某些特定要求，应根据需要予以满足。

④便于各环节有关人员进行操作。这就要求包装设计合理，包装规格、重量、体积适当，包装方法科学，包装标识清楚，以适应运输包装标准化的要求。

⑤适度包装，在保证包装牢固的前提下节省包装费用。运输成本的高低往往与运输包装的重量、体积有直接关系。包装费用直接影响经济效益，因此，选用的包装材料要轻便、结实、适度。

### 2. 商品包装的功能

商品包装泛指一切用于包裹、盛装、束缚和保护商品的容器或包扎物，以及用于装饰商品的装饰物。经营店铺是否用心，通过商品包装的精致程度尽可体现出来。

（1）保护和美观

网店的商品包装除了具有传统实体店商品包装的保护功能外，还要满足物流运输中的完好无损；而且在当前消费者需求趋于个性化、商品趋于同质化时代，美观方便的包装可以增加消费者的记忆点和好感度。同时，一份精心设计和制作的包装，可以极大吸引消费者的注意，给予感官上的享受，从而激发购买欲望。

（2）品牌体现

一个优秀的品牌除产品质量过硬外，往往都有一个精致的包装。好的包装已经不仅仅像产品说明书那样简单，它还是一个流动的广告平台，让消费者在琳琅满目的商品中一眼识别出来，并且承载着品牌的文化内涵。因此，商品包装的精巧程度反映品牌和店铺形象，越是高端的商品越要展示包装的用心程度。

（3）附加价值

经过精心策划的包装，可能是风格独特的，或是装潢漂亮的，或是具有象征意义的，或是便于携带、保管和使用的，或是能够重复使用的，这都使商品价值在消费者心目中得到提高。消费者往往愿意以高出普通包装的价格购买商品，以满足某种心理需求，因此，包装能在很大程度上提高商品的附加价值。

### 3. 商品包装的设计

商品包装可以作为一种营销、推广工具，是消费者在购买商品后所看到的最后营销信息。因此，在包装设计时需要具有这样的理念：一是艺术理念，二是视觉传达理念，三是环保理念。包装设计也是极为复杂的过程，可以从以下方面考虑：

（1）锁定目标客户

任何产品都不可能会卖给所有人，而且产品使用者和消费者也可能不是相同的群体。所以在做产品包装前，要考虑这些问题：产品的目标客户到底是谁？谁下单购买？谁最终享用？因为设计包装的目的是为了吸引目标客户注意，包装上的相关元素，如图片、颜色、文案等一定要与目标客户相关。

（2）合适的形象设计

产品包装的配色要和品牌的标准配色保持一致，才能让产品更容易识别。不同的颜色代表不同的情感、不同的价值主张和不同的品牌内涵。所以在选择颜色时，不仅要关注颜色的组成和对比，还要关注它们代表的情感。字体也要选择最能代表产品风格和特性的正确字体，不要使用难以阅读的花哨字体，要确保可读且易读。注意以下几点：

①文字设计

文字是传达思想、交流感情和信息、表达某一主题内容的符号。市场产品包装上的牌号、品名、说明文字、广告文字以及生产厂家、公司或经销单位等，反映了包装的本质内容。设计包装时必须把这些文字作为包装整体设计的一部分来统筹考虑。

②色彩设计

色彩设计在市场产品包装设计中占据重要的位置。色彩是美化和突出产品的重要因素。包装色彩的运用是和整个画面设计的构思、构图紧密联系着的，要求平面化、匀整化。

③商标设计

商标是一种符号，是企业、机构、商品和各项设施的象征形象，它涉及政治、经济法制以及艺术等各个领域。商标的特点是由它的功能、形式决定的。它要将丰富的传达内容以更简洁、更概括的形式，在相对较小的空间里表现出来，同时需要观察者在较短的时间内理解其内在的含义。

④图形设计

市场产品包装设计的图形主要指产品的形象和其他辅助装饰形象等。图形作为设计的语言，就是要把形象内在、外在的构成因素表现出来，以视觉形象的形式把信息传达给消费者。

以上四点是商品包装设计的主要工作内容，为了在激烈的市场竞争中获得消费者喜爱，包装必须体现商品鲜明个性，有简洁明了的文、图、形象，同时还要反映产品文化特色和现代消费流行与时尚趋势。

（3）体现商品质量的材料

包装材质是包装成本的主要构件，很大程度上取决于营销预算、目标市场以及定位。包装的材质也是产品档次表达的重要载体，贵重的物品自然要有豪华的包装。因此，包装材质的选择要与市场定位保持一致，如果消费者认为包装过于豪华，且与产品本身定位不相符，明显占用大部分产品成本，就不会付钱买单。

## 7.1.2 常用的包装材料

针对不同的商品，不同店铺所使用的包装材料和包装方法各不相同，常见的包装材料有卡通箱、编织袋、泡泡纸、牛皮纸以及内部填充物等。

### 1. 外包装材料

（1）卡通箱

卡通箱也称瓦楞纸箱或纸箱，通常用作商品的包裹物或物品保护外层使用物。纸箱的体积根据商品大小来选择，通常还会有“小心轻放”“怕湿”“向上”“怕晒”“防潮”“质量安全”“注意防火”“易碎物品”等多种图案或文字提示，提醒接触者注意，保护内装商品不受伤害。纸箱包装的特点有：①安全性强，可以有效保护商品；②环保，可回收性；③重量轻，运输成本低；④可以印刷精美，实现包装与商品的完美结合；⑤一些特殊箱可以实现防静电、防潮、保险等需求。可在卡通箱内使用适当的填充物，对外部冲击产生缓冲作用。

（2）快递袋

快递袋用于各种不怕挤压与冲击的商品，优点是成本低、重量轻；缺点是对商品的保护性较差，只能包装那些质地柔软、耐压耐摔的商品，例如不怕挤压的服装、床上用品、毛绒玩具、靠垫等。

（3）泡沫箱

泡沫箱是生鲜领域常用的包装材料，优点是恒温性能好，比如生鲜水果运输时需要泡沫箱和冰袋相配合，能起到很好的保鲜作用。

#### 2. 内包装材料

（1）气泡膜

气泡膜是一种增加缓冲性能的内包装，如采用瓦楞纸箱做外包装时，可以把气泡膜作为内包装填充物，尤其是一些易碎品更需要气泡膜这种缓冲包装。气泡膜的优点是价格比较低，缺点是显得比较凌乱。

（2）珍珠棉

珍珠棉常用于电子产品包装，一般按照产品的尺寸到厂家进行定制，如果商家销售的商品非常常见，厂家也会有很大一部分通用的现货。珍珠棉包装的优点是非常干净利索，能够给消费者更好的购物体验。

（3）空气柱

空气柱是以2~9厘米不等的柱体形成缓冲空间，对内置商品进行包裹，起到抗震缓冲、降低商品运输损失率的效果。空气柱包装使用非常方便，减震效果非常好，但怕挤压的产品还需要配合使用高强的瓦楞纸箱。

### 7.1.3　商品包装技巧

#### 1. 商品打包要点

虽然商品打包是简单的技术活，但随意的包装和规范的打包，结果会有很大差异，如果能做到以下四点，货物在运输途中一定有安全保障。

（1）避重就轻

商品和纸箱内壁的四周应该预留 3 厘米左右的缓冲空间，并用填充物将商品固定好，以达到隔离和防震的目的。

（2）严丝合缝

用填充物塞满商品和纸箱之间的空隙，使纸箱的任何一个角度都能经得起外力的冲撞。

（3）原封不动

纸箱的所有边缝都要用封箱胶带密封好，既可以防止商品泄漏和液体浸入，还可以起到一定的防盗作用。

（4）表里如一

在纸箱封口处贴上防盗封条，可以起到警示和震慑作用，有效防止内件丢失。其中的防盗封条可以自己制作，也可以外购。

### 2. 用包装收买人心

随着市场消费观念的变化，包装的保护功能也发生了变化，网店也要进行适当调整，让包装带给消费者安全感，同时还发挥促销作用。可以对商品进行二次包装，通过一些包装小策略使客户产生好感，留住客户或节约成本。

（1）包装设计给人美感

要让包装在促销中具有诱惑性，必须在包装设计中不断创新、注入新的文化内涵；不断丰富包装的新花样，才能保证商品在消费者心中的魅力和感染力，进而达到促销的目的。

（2）细心确保包装质量

破烂不堪的包装让人怀疑里面的商品已经压坏，甚至怀疑商品的质量问题，因此，包裹一定要干净整洁。包装讲究整体美观，一般用箱子先包装好，然后在箱子外层用快递袋再包裹一层，既能保护箱子外观完好，还可以有效避免运输过程中外界对商品的污染。良好的商品包装会给商家增加印象分。

（3）发送店铺名片

在商品打包的时候，可以在包装里放上店铺名片，名片上要印有网店名、掌柜名、联系电话以及 QQ 等联系方式。通常情况下，客户感觉商品不错，都会保存名片以便下次购买，或者将名片发给其他需要此类商品的好友，如此也就多了许多隐形客户。

（4）赠送小礼物

顾客收到意外小礼物时，一定很喜悦。小礼物可以是头饰、发卡、指甲刀等，有一定使用价值；也可以是与商品相关的小物件，比如购买三只松鼠的商品时，商家赠送开箱刀、湿巾、果壳袋、封口夹等小礼物，让顾客感受到贴心和用心。因此，一个好的赠品可以起到画龙点睛的作用，当然要注意控制赠品的成本。

## 案例赏析

### “人性化”商品包装打动消费者

1. 独具特色的包装

良品铺子的口号是“让嘴巴去旅行”，这让它找到了风格定位，并力求在市场中创造属于自己的独家特色，卡通产品包装、零食造型拟人化以及彩虹物流箱就是具体体现。最初，良品铺子的消费群体以女性居多，特别是年轻女性，她们喜欢漂亮的包装、精致的造型、独特的美食。白领、学生、辣妈都是良品铺子的忠实顾客，除了好吃，她们同样追求产品中能够凸显自我风格的文化精神。于是良品铺子管理层选择放大内在特点，将品牌整体风格定位在既时尚又萌趣，美、食、色、香、味中“色”字当头，此举一出立刻抓住大众的视觉焦点，从内到外无时无刻不传达着一种快乐、正面、时尚的品牌精神。

2. 七色的“彩虹物流箱”

不管是品尝美食、分享美食还是挑选美食，甚至是收到美食的那一刻，都应该充满欢乐。良品铺子的个性化彩虹物流箱是由五层特硬材质制造，其内部波浪形防震带和特质封口胶带会给美食增加安全保护。

3. 会唱歌的物流箱，制造用户尖叫点

当科技遇上美食会是怎样？不敢想象，良品铺子推出电商界首款会唱歌的物流箱。这款音乐物流箱成为良品铺子推出彩虹物流箱后又一次颠覆性创新，让粉丝从收到包裹到打开包裹全程都是惊喜。而此次音乐物流箱的打造，也是良品铺子在提升用户体验上的一次大胆创新尝试。

日前，从良品铺子发布的彩虹音乐物流箱推广视频来看，会唱歌的物流箱是一款外观与普通 3 号或 4 号彩虹物流箱无差异的物流箱，可以装 100~200 元的零食，但是在开箱的时刻，会有美妙的音乐流淌而出，就像生日时收到的惊喜贺卡。而只要在良品铺子天猫旗舰店购物满 100 元，即可有机会获得这款电商界首款会唱歌的物流箱。

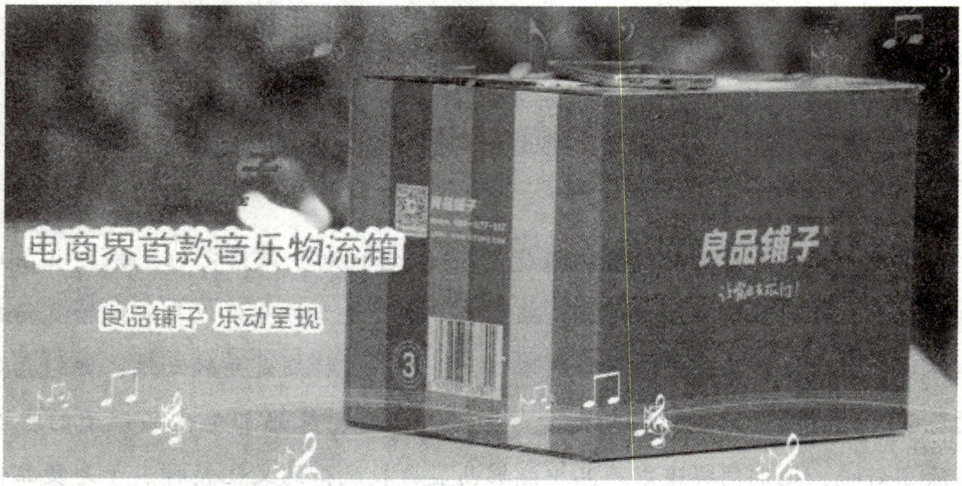


音乐物流箱的背后，是良品铺子用户体验团队突破了开箱感知、智能语音、固定箱内等多项关键技术，实现智能化开箱体验的惊喜。良品铺子音乐物流箱不仅是良品铺子自主研发的物流箱，也是国内电商行业首款最先投入使用的音乐物流箱。

新奇有趣的音乐物流箱不仅能为用户带来开箱惊喜，更能有效地将品牌传播至收货用户身边的人，可让更多的人加深对品牌的认知与印象，从而在提升用户体验的基础上达到品牌宣传的目的。

对于良品铺子而言，提升用户体验不只是一句口号，而是明确上升到战略层面的目标。良品铺子将 2016 年确立为用户体验提升年，就电商渠道而言，良品铺子正致力于从产品、物流、客服、售后、页面等方面层层深入，梳理用户接触品牌的全触点，建立用户体验地图，在每一个环节、每一个细节从用户体验出发，挖掘痛点、制造尖叫点，不断优化并不断制造惊喜。

（来源：《良品铺子推出会唱歌的物流箱，制造用户尖叫点》，https：//www.sohu.com/a/129207506_531180/，2021 年 3 月 17 日引用）

# 7.2　商品的物流配送

经验表明，网店经营中，由于物流问题引起交易纠纷和中差评的比例达到 30% 以上，因此，物流是所有店铺都不得不重视的重要内容。由于物流配送直接面对消费者，最直观地影响店铺的服务水平，因此，它可以作为店铺服务的最后阶段和营销的辅助手段，要体现“在适当的时间、地点，将适当的商品提供给适当的消费者”，与此同时，也将优质的服务传递给顾客。

## 7.2.1　物流配送的注意事项

目前国内的快递公司很多，其中网点较多的快递公司包括顺丰快递、申通快递、圆通快递、中通快递、天天快递、韵达快递、德邦快递、宅急送、百世快递、菜鸟联盟等。每个公司在各地经营情况有较大差异，商家要选择一家态度好、服务好并且价格便宜的快递公司进行长期合作，也可以选择几家不同的快递满足不同客户的快递需求。

物流连接着商家与客户，要想避免因物流问题引起交易纠纷，就需要三方共同配合，注意以下事项：

### 1. 禁寄物品

2017 年初，国家邮政局、公安部、国家安全部等三部门联合对外发布《禁止寄递物品管理规定》，禁止寄递物品（以下简称禁寄物品），主要包括：

①危害国家安全、扰乱社会秩序、破坏社会稳定的各类物品；

②危及寄递安全的爆炸性、易燃性、腐蚀性、毒害性、感染性、放射性等各类物品；

③法律、行政法规以及国务院和国务院有关部门规定禁止寄递的其他物品。

### 2. 快递条款

（1）运单的性质和使用范围条款

快递公司往往把运单定性为债权凭证，规定其不能转让，以规避合同相对人不确定的风险。当发货人以物品所有人或代理人的名义逐项填写运单，并签字署名后，即表示遵守运单背书条款的各项内容，并受法律保护。另外，快递公司还会规定合同的商品使用范围，如条款中包括寄件人和代理人，如果商家委托他人办理托运，合同虽然不是商家签订，但解决纠纷时，该合同也同样适用于商家。商家在发货前，要对此进行仔细阅读和了解。

（2）托运物品限制条款

各快递公司对托运物品的限制有所不同。有的快递公司不受理私人信函，因为私人信函是受法律保护的，私拆信件属于犯罪行为，为了运输安全，很多快递公司都保留开箱检查的权利；有的快递公司对寄件的总报价进行限制，如果申报价值每单在5000元以上，快递公司为保护自身利益便不予受理。因此，商家可能存在风险，比如：当快递公司对寄件物品造成损害时，可能会以该寄件不属承运范围为由来抗辩。因此建议商家准确申报所寄运物品，即使快递公司抗辩，其也会因审查过失而承担相应的责任。

（3）快递公司免责条款

为降低风险，快递公司在运单中使用免责条款。免责条款所涉及的情形必须由快递公司予以证明，如果快递公司无法证明损失由免责情形所致，则快递公司必须承担损害赔偿责任。比如托运人地址填写错误，快递公司必须证明托运人错误填写与货损之间有因果关系。

（4）赔偿责任限制条款

商家在寄件时必须清楚快递公司的最高赔偿限额，然后对物品进行估价。如果估价在快递公司的最高限额之下，那么不必选择保险；如果估价高于快递公司的最高限额，为了保证自身利益，最好选择保险。

（5）保险条款

保险条款几乎是每张运单的必备条款，但一些规模较小的快递公司运单里就省略了保险条款。因此，如果邮寄贵重物品，一定要选择规模较大、信誉较好的快递公司，不能贪图运费便宜而选择不提供保险的快递公司。很多快递公司的保险额是有封顶的，超过保险额封顶的物品，客户需要认真考虑是否使用快递运输。另外，有些快递公司选择的保险公司有免赔额条款，如免赔额 300 元，如果商家全额保险是 600 元，则保险公司赔付 300 元，其余 300 元免赔。

## 7.2.2 物流配送中常见问题及解决办法

运输过程中商品损坏、包裹丢失、快递员态度恶劣以及快递时间过长等问题一直困扰着商家，具体如下：

### 1. 客户退换货

客户在收到商品后，由于商品大小、颜色、质量等问题需要退换货时，商家可以根据自身店铺和商品的情况制定合理的退换货流程。但在客户购买商品前，就要对相关退换货进行说明，得到认可和同意后再进行交易，这样可以极大减少客户退换货的情况。

### 2. 商品损坏

在运输过程中，由于商品未受到很好的保护和管理，导致商品送到客户手中时已经损坏。为避免此类情况发生，一方面，商家在发货前要根据商品的特性妥善包装商品，尽量做好防水、防压和防震等措施；另一方面，在出现商品损坏时，提醒客户拒签并及时联系商家向快递公司索赔。

### 3. 商品丢失或被调换

商品丢失往往责任在于快递公司，可能是在运输途中丢失，或者在领取点被他人冒领。商品被调换则是在运输中被他人恶意调换，将原有的商品换成他物。商家在发货时应尽量使用自己的包装材料进行包装，不要使用快递公司提供的包装盒，以免发生调换货的情况。另外，商家在选择快递公司时，要选择信誉度高、服务完善的公司进行合作。

### 4. 快递员态度恶劣

商品最终通过快递员送到客户手中，如果一些快递员态度差而使得客户在收取商品时未得到满意的服务，会对商品的评价不利。因此，在选择快递公司时，要注重快递公司的服务质量以及运送人员的整体素质。

### 5. 快递送达时间过长

客户付款购买商品后，若商家未及时发货或快递公司运输速度慢，会延长商品的运输时间，如果商品不能在规定时间内送到客户手中，会造成客户的不满。发生这种情况时，商家应主动与快递公司取得联系，找到延期原因并尽快处理。另外，在发货前，商家要对物流公司的运输速度以及运输稳定性进行考察；发货后，可以告知客户大概的运输时间，提醒客户查收。

**案例赏析**

## 菜鸟网络成为物流领域的独角兽

1. 企业简介

菜鸟网络科技有限公司（简称“菜鸟网络”）成立于2013年5月28日，由阿里巴巴集团、银泰集团联合复星集团、富春集团、申通集团、圆通集团、中通集团、韵达集团等共同组建。自成立以来，菜鸟网络以数据为核心，通过社会化协同，逐渐打通了覆盖跨境、快递、仓配、农村、末端配送的全网物流链，主要提供大数据联通、数据赋能、数据基础产品等。截至2015年11月，菜鸟网络通过接入“三通一达”等快递公司、上海万象等数十家落地配公司及仓配服务商，实现了中国超过70%的快递包裹、数千家国内外物流和仓储公司以及170万物流配送人员均在菜鸟数据平台上运转。2016年3月，菜鸟完成超百亿元的第一轮融资，投资人包括新加坡政府投资公司、淡马锡控股、马来西亚国库控股公司和春华资本，估值约76.9亿美元。

2. 商业模式

业务体系：一是基础设施，包括数据基础设施、与合作伙伴等一起建设和升级物流基础设施；二是数据产品，帮助商家和合作伙伴提升物流效率，全局优化物流；三是服务标准，主要提供标准的公共服务品牌、公共售后服务体系等。

盈利来源：菜鸟网络的核心盈利来自大数据服务，即利用大数据分析企业的历史数据、活动规划、季节因素、购买因素等综合指标，系统计算销售规划，对企业的生产计划及供应链管理进行数据支撑，进而指导企业备货管理。此外，还有自营菜鸟驿站代收、代寄所收的服务费，以及加盟菜鸟驿站商户所支付的加盟费和租金等其他盈利来源。

3. 爆发式增长原因

以互联网为载体发展物流。菜鸟模式通过线上运用大数据、云计算、物联网、供应链管理技术等优化配置快递资源，线下建设世界一流的智能仓储设施网络和末端配送网络，同时整合各类社会仓储资源，与广大快递物流企业开展战略合作，有效提高物流配送效率。

大数据技术助力。物流业是一个能产生大量数据的行业，在货物流转、车辆追踪等过程中都会产生海量的数据。菜鸟模式的核心是技术和数据输出，以及基于消费者体验的服务质量控制。在菜鸟网络的平台上，订单、包裹、交通甚至天气数据都能集聚和共享，快递物流企业、电商企业、消费者可以及时了解物流状况，在选择快递服务商、安排运力、优化路线、应急调配等方面高效协同，改变了以往包裹单点发全国、物流企业各自为战的局面，充分利用了快递物流资源。

构造大物流生态圈。近年来，菜鸟网络通过构建菜鸟联盟、建立智能分单系统、深入供应链优化领域、利用大数据、创新物流智能化技术、推出菜鸟裹裹APP

等，逐步构建了大物流生态圈。

（来源：《独角兽案例——菜鸟网络科技有限公司》，https：//www.chinagazelle.cn/unicorn/detail/b6e57ce7f926581ae4c946d260b38850/，2021年3月21日引用）

## 实战训练

### 商品的包装与物流配送

**【实训目的】**

1. 熟悉各种包装材料的特点，如纸箱、泡泡袋、牛皮纸、透明胶带等。
2. 了解本地各快递公司的优势与特点。

**【实训内容】**

1. 认识一些包装材料，了解商品分门别类选包装。
2. 学会耐心细致地挑选物流公司，填写快递详情单。

**【实训思考】**

1. 思考商品包装对商品形象的影响有哪些。
2. 给自己网店的商品设计一份精美的包装。
3. 思考网店与快递公司合作过程中需要注意哪些事项。

# 第 8 章

# 网店评价管理与客户服务

## 8.1 网店评价体系

客户对网店的评价极大影响着消费者的购买决策，有很多消费者浏览完商品的名称和图片信息后会直接看店铺评价，如果发现评分低，会失去继续浏览商品详细信息的兴趣。因此，对于网店来说，评价体系是不可忽视的内容。网店评价体系主要分为店铺评分和信用评价等两块内容。

### 8.1.1 店铺评分

店铺评分也称为 DSR 动态评分，即顾客交易成功后，使用顾客身份对本次交易的店铺进行评分。DSR 动态评分对店铺影响很大，一方面会影响整店的商品搜索排名，进而影响店铺转化率；另一方面会影响参与平台活动的资格。所以，DSR 动态评分高，不仅是顾客对店铺的一种认可，而且平台搜索权重也会更高。

店铺的起始评分是 5.0，如图 8-1 所示，每项评分从 1 颗星到 5 颗星，顾客根据店铺各项服务的表现进行打分。店铺 DSR 评分不是一个简单的分值，而是描述相符、物流服务、服务态度三项的组合计算，每项评分取连续 6 个月内所有顾客评分的算术平均值（每天计算近 6 个月之内数据）。DSR 评分高，店铺处于良性发展的阶段，才会有良好的顾客体验。

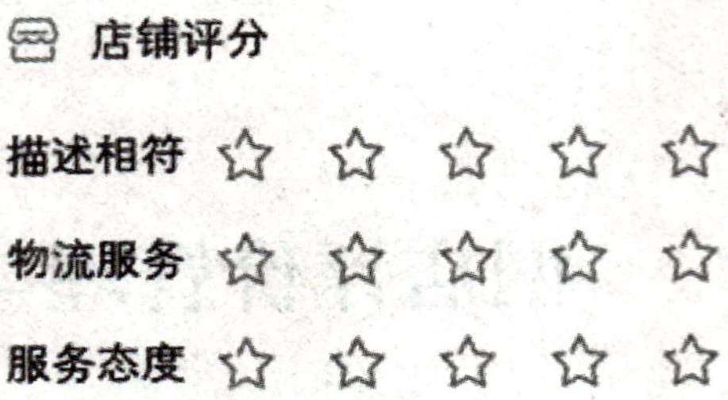


图 8-1　店铺评分示意图

## 8.1.2　信用评价

信用评价体系由心、钻石、皇冠三部分构成，并呈等级提升，目的是为诚信交易提供参考。会员在交易平台成功完成一笔交易订单后，双方均有权对对方交易的情况作出相关评价。顾客可以针对订单中每项商品进行好、中、差评，店铺可以针对订单中每项商品的顾客进行好、中、差评。这些评价统称为信用评价。

信用评价的计分规则（含匿名评价）：每个自然月中，相同顾客和店铺间的评价计分不得超过 6 分，超出计分规则范围的评价将不计分；若 14 天内相同顾客与店铺间就同一商品有多笔交易，则多个好评只计 1 分，多个差评只记-1 分。

## 8.1.3　店铺好评率的计算

店铺好评率的计算方法：

①店铺好评率=所有计分的店铺好评数/所有计分的店铺评价总数×100%；

②数据经系统四舍五入后显示；

③计分的中评也会累积到计分的评价总数中，会影响好评率。

如店铺累计好评数为 143 个，好中差评总数共计 146 个，好评率为：143/146×100%=97.95%，即该店铺好评率为 97.95%。

# 8.2　维护店铺的评价

评价是直接影响搜索转化率的重要因素，通常是对商品的真实反馈。如果不维护好商品的评价，评分下滑会影响商品的转化，进一步影响搜索排名。影响评价排名的因素有：评价字数越多越靠前；评价带图会更靠前；评价包含大家印象更靠前；评价者等级高者优先；评价时间越新越靠前；评价被点击次数越多越靠前，即点赞、评论越多越靠前。

## 8.2.1　维护店铺评价的基本做法

### 1. 商品描述与实物相符

商家要想获得更多好评，首先必须做到商品描述与实物相符，这是一项基本要求。如果实物的外形、颜色、质量和功能等与描述不一致，顾客会因不满而给出差评。

### 2. 良好的服务态度

客户服务涉及客服的响应时间、用语、处理事情的态度等多方面。

（1）耐心做好售前售中服务

不同的顾客会经常问相同的问题，比如质量怎么样、什么时候发货、发什么快递、几天到货等等，可以使用即时通信工具的自动回复、快捷回复功能，把顾客经常问、可能会问的一些问题提前设置好答案，顾客询问的时候，自动发送答案。若顾客发现商品并不是自己想要的，客服要善于进行相关的推荐和介绍，大大提高店铺的购买转化率。

（2）细心做好售后服务

售后阶段要做好顾客评价的处理事项，包括中差评处理。尤其在大促期间，由于商品发货量大，客服回复可能不及时，难免会出现中差评，严重影响店铺 DSR 动态评分的高低。所以遇到中差评时，客服要主动联系顾客，礼貌耐心地处理纠纷，并对发生的问题进行总结归纳。特别注意：要提防恶意的差评，一定要做好售前咨询时证据的保留。

### 3. 把握好发货速度和物流

首先，要结合厂家的供货情况，控制好发货速度。如果是代发，发货时间一定要了解清楚，尽量不要承诺当天一定发；大促期间，发货时间可以规定在 48 小时或 72 小时内，以防厂家有延误。其次，物流也会影响顾客评价。常见问题有：商品发货后一直不显示物流信息、商品丢失、顾客收货时商品出现破损、快递送货人员态度不好、顾客与快递人员发生纠纷等，这些都会影响顾客对店铺的评价。

### 4. 回应顾客的好评

可以对等级高的顾客优先服务，提高客户的满意度，引导客户评论。比如平台会对超级会员打标签，可以更多注重这些客户的评价，并适时作出相应回复。店铺回复有很多优势，比如：借机宣传店铺和品牌；增加与客户的互动，维护客户关系；分享产品的小常识、注意事项等，增加彼此的信任感。最重要的是通过阅读评论，可以了解店铺还有哪些问题需要完善，提升客户的体验感。

## 8.2.2 妥善处理差评

顾客给予差评的原因有对产品不满意、对客服态度不满意、对物流速度不满意等。因此，需要和客户进行沟通，如果真是店铺的问题，要诚心地道歉，解决问题，或者给予补偿。为了避免再次出现差评，需要及时处理顾客反映的问题，比如加大检查产品的质量、督促客服保持良好的服务态度、及时更换合作物流等。下面分享一些解决中差评的小技巧。

（1）赠送礼物、电话解决

当遇到顾客给予差评后，可以跟顾客进行电话联系，赠送一些小礼物，解释店铺的诚意，及时安排退换货。

（2）把握恰当的时间

处理中差评的时间也要选择恰当，比如可以选择客户非上班时间、午休前、晚上睡觉前等时间段进行处理，这时顾客往往有心情听解释。

（3）巧妙回复

如果遇到一些没有办法解决、因小问题给予差评的顾客，可以选择巧妙回复。比如在差评后回复一些经典的话语，让大家把差评当成段子看，说不定能形成店铺吸引顾客的亮点，反而给店铺带来更多流量。店铺运营要以为客户提供更好产品和服务为宗旨，在客户作出差评时及时诚恳回复，并作出合理解释。要记住：评价的回复与解释，都是为了让后面的客户看，打消他们因这条评价而产生的顾虑。所以，针对性地回复差评，尽可能降低差评的影响，才可以更好地促进成交。

## 8.2.3　提高店铺动态评分的技巧

### 1. 不夸大宣传产品

实物与图片描述相符是最基础的做法。如果夸大描述商品，过度美化商品图片，顾客收到商品后会产生“被骗”的感觉，严重影响好评率以及评价内容。此外，商品的各项参数要标清楚，如产品尺寸、颜色，还要写明由于光线等原因，实物和图片有轻微差距。

### 2. 评论有礼

虽然评论有礼与好评有礼只差一个字，但是后者是严重违规的。可以参考同行或者竞争对手的活动内容，只要客户愿意给出评价，就送礼品给客户，鼓励客户晒图、拍小视频，因为优质评价会提高店铺动态评分。在礼物方面，要选择和商品相关的礼品，例如商品是茶叶，可以赠送茶杯、养生茶壶等。

### 3. 鼓励客服做好服务

对于店铺来说，客服态度决定着客户对店铺的印象。好的客服人员，通过热情周到的服务，可以使店铺的销量翻倍。

（1）购物过程中，客服保持良好的服务态度

客服要以积极饱满的情绪响应客户的各类问题。比如不要出现单字的回答，当客户问：“你好，在吗?”要积极回答：“在的亲，请问有什么可以帮到您?”这样客户看到回复会感觉到客服的热情和贴心。如果冷冰冰回答一个“在”，容易让顾客感觉不亲切，从而对店铺的印象也打折扣。因为文字本身比语言表达苍白许多，我们不能保证顾客看到文字会有什么体会，因此要用更加热情的方式响应他们，同时多使用微笑等表情符号。

（2）售后方面要利用强大的提醒软件

开通“订单关怀”功能，比如“发货提醒”“物流提醒”“签收提醒”等，及时告知当前订单的进度，提供贴心的关怀服务，有效提升顾客的满意度，从而赢得好评。

### 4. 努力提高发货速度

在物流方面，积极提高发货速度，对比多家快递公司，选择最快最好的快递公司。发货后要及时填写物流单号，另外，在详情页中标明快递到货时间也很有必要。

**知识拓展**

#### 重视商品评价　提高淘宝店铺转换率

大家都知道评价对一个店铺有多重要，影响着店铺经营。对于中差评，很多人会觉得交给售后客服解决就行了。但是，一个针对爆款的恶意评价将会导致店铺无法翻身。因此，店铺一定要养成习惯：如果某商品转化率降低了，看看爆款和销量靠前的商品评价是否出现问题，一旦发现问题，一定要快速解决；否则，店铺做其他任何补救措施都是没效果的。

1. 重视靠前评价

一般来说，尤其要重视主打商品的前几条评价。如果这几条都是好评，就可以放心了。如果发现有一条不良的评论，甚至最前面就出现不良评价，说商品存在问

题，就要重视，否则商品转化率会大大降低。而且很重要的是，主推商品的转化率折损，会影响到其他与它关联的商品，导致整个店铺的转化下降、客单价降低。

2. 结合差评提高商品质量

客户之所以给出中差评，一般来说有两种情况：

第一种，他对你的商品和服务有意见，把他自己的认知说出来，实话实说。

第二种，他给出不良评价，期待更多的利益，这类人如差评师、同行。

其实绝大部分中差评，都是第一种，而他给出的负面评价，其实信息量很大，能够帮助我们发现产品和服务的问题，以便快速改进改正，从而使店铺变得更强，比竞争对手更优质。

差评师、同行和挑剔型客户基本上都会针对商品弱点进行批评，虚心接受、迅速改进，能够帮助我们亡羊补牢。如果实在没法改善品质，则需要改善描述。不要把商品描述得太夸张，一定要与实际相符。

3. 评价排名的影响因素

什么样的评价排名会比较靠前，无法去掉呢？以下是对排名有重要影响的因素：

（1）评价字数，字数越多越靠前。

（2）评价带图会更靠前。

（3）评价含消费者印象的更靠前。

（4）评价者等级高者优先。

（5）评价时间，越是近期的越靠前。

（6）PC 端的评价被消费者点击“有用”个数，点击“有用”个数越多越靠前。

天猫的评价排序规则只有一条，就是时间：每一条新产生的评价会直接插入商品评价中，已经产生的评价，每周调整一次排序。

4. 降低差评排名的方法

知道排序的规则后，要把那些不好的评论挤下去就容易得多。比如出现差评后，除了解释处理外，对后续的高等级买家可以重点服务，提高满意度，引导其评论。因为等级较高，如果评论足够精彩，图文并茂，就可以把之前的差评挤下去。还有一个办法，引导买家发表一些对后续买家具有参考意义的评论，越多人点击

“有用”，排名会越靠前。

5. 解释评价

很多卖家会下意识忽略解释评价的神奇效果。事实上，淘宝给了我们解释差评的机会，但只有一次，只能解释一次，所以一定要珍惜。

买家一般都会看到排名靠前的不良评价，如果店家不作任何解释，客户可能会认为店家心虚，买家说的是事实，从而不再购买该商品。但是如果店家作了解释，合情合理，并且表现得相当有诚意，那客户的信任会被再度激发起来。

所以一定要对排名靠前的不良评价作出解释，不是解释给评价的买家看，而是解释给所有可能看到这个评价的潜在买家看，显示出店铺的认真负责，显示出店铺的服务意识。

评价对店铺十分重要，很多卖家注重推广、引流，但是忽略评价的重要性。因此，在评价上投入心思，一定会得到意想不到的效果。

（来源：《重视宝贝评价　提高淘宝店铺转换率》，http：//www. wangjubao. com/wenzhang/245625383171/，2021 年 3 月 31 日引用）

# 8.3　做好网店客户服务

## 8.3.1　客服人员的基本知识和素质

网店客服应具备的基本素质和能力包括心理素质、品格素质、技能素质以及其他综合素质等。如果客服人员具备灵活的应变能力、挫折的承受能力、情绪的自我调节能力等，对于做好网店的客服工作非常重要。

### 1. 基本知识

（1）售前售中客服

①熟悉平台规则，了解一般违规、严重违规和高压线。

②准确简洁、高效友好地回复顾客提出的各种问题。

③掌握商品信息，了解客户需求，正确解释并生动地描述相关产品的特征和优点。

④仔细做好相应备忘记录并及时跟进发票信息、赠品信息、选择快递公司、到货时间等工作。

⑤负责客户资料的整理与分类，方便下次接待，同时要保护客户信息不外泄。

（2）售后客服

①处理客户投诉、退换货要求、零配件供应要求等，提出合适的处理方案，组织协调处理方案的实施，包括所有退款中、售后中、投诉中、咨询中的问题，循环跟进，以最快速度解决问题。

②对售后系统中遗留的问题进行跟踪，进行有效的客户管理和沟通。

③跟踪顾客评价，对于客户集中反馈的问题要有针对性地跟进，然后反馈给售前甚至是产品源头，比如服饰尺寸偏大或偏小问题，多个顾客反映同样的问题一定要引起重视。

④定期或不定期进行客户回访，检查客户关系的维护情况。

### 2. 基本能力

客服的重要作用不仅是服务客户，还应该帮助提高店铺转化率。因此，好的营销型客服应该具备如下能力：

（1）文字表达能力

这是最基本的能力，把问题说清楚不是简单的事情，有的客服做了很多年都不能把产品或问题说清楚。要让客服参与商品描述撰写，定期整理常见问题，不断提高表述能力。

（2）数据收集能力

大数据时代，最重要的是数据，但数据收集不是一件简单的事情。鼓励客服学会引导客户提供数据，并整理相关数据，这些数据都为客户的分类以及有针对性的营销活动提供重要依据。

（3）耐心沟通能力

客户的问题各种各样，层出不穷，没有耐心的客服不能长久担任这项工作；而且很多问题的出现是由于沟通不顺畅所导致，学会沟通才能在与客户交流中，找到客户的需求点以及客户纠结的问题所在，进而提高网店转化率。

（4）适应变化能力

网络变化非常快，过去有用的东西，现在可能没用甚至可能是错误的。客服要具有较强的适应能力，通过不断学习适应各种变化。

（5）其他能力

比如网页制作是比较综合的能力，包括图片处理、网店建设等，客服要了解大概的知识，对后期参与策划网店活动有非常重要的帮助。

## 8.3.2 客户服务的工作内容

### 1. 售前服务

（1）熟悉产品信息

客服是联系店铺和客户间的桥梁，如果桥没搭好，会失去这个客户。因此，店铺每个新产品上市前，要开展相关的产品培训，让客服人员对于产品的特征、功能、注意事项等做到了如指掌，才能流利解答客户提出的各种关于产品信息的问题。

①产品基本信息：比如衣服的尺码、型号、货存等。

②产品功能：比如电器有哪些功能。

③产品特点：比如普通电器和升级款电器对比，升级款优势在哪里。

④产品与其他店铺比较的优势：自主品牌、正品、有自己的生产工厂等。

（2）回复客户各种问题

与客户沟通主要有两种途径：一是旺旺、QQ 等即时通信工具，二是接听客户电话。对于电话沟通，要求客服更具有灵活性，因为电话不能像即时通信工具一样，拥有足够的思考时间。优秀的客服要懂得接待好客户，同时还能引导客户附带消费。

(3) 及时查看商品数量

店铺页面上展示的库存跟实际库存有时存在差异，客服每天需要到店铺后台核实商品的实际库存量，以减少因缺货造成不必要的麻烦。

## 2. 售中服务

(1) 核对客户的收件信息

虽然大部分客户在购买时地址正确无误，但也有部分客户因收件信息发生变动而忘记修改，所以在客户付款后，与客户核对收件信息，可以降低店铺损失，也让顾客感觉店家做事很用心。在核对客户信息的同时，可以询问客户选择什么快递公司，因为每个快递公司在各个城市和区域的服务水平不一样，如果客户没有明确表示，快递就选择默认。

(2) 修改备注

客户订单信息确认后，客服需要把注意的事情标注好，在后台用小旗子备注，这样打印快递单或者拿货的时候也会留意该订单包裹，方便后面筛单的动作，同时也能避免出错。

## 3. 售后服务

(1) 发货通知

货物发出后，可以通过短信提醒客户货物已经发出，增加客户对店铺的好感。对于拍下商品还未付款的客户，可以提醒客户如果现在付款，今天就可以发货，这种行为叫作“催单”。因为有些客户可能下单后忘记付款，客服稍微提醒一下，有助于促进成交。另外，催单也可以确认客户的购买意向，避免其他同事的重复工作。

(2) 货到付款的订单处理

对于货到付款功能，有些客户不了解，直接选用货到付款，等收到货物的时候发现价格比网店贵，会认为店铺欺骗他，然后拒收货物，给店铺造成损失。所以客服看到货到付款的订单，需要联系顾客，并告知货到付款的价格，如果顾客能够接受，就正常发货，否则就需要顾客重新下单。

（3）客户评价和中差评处理

交易完成后，优先给客户写评价，这是免费给店铺做广告的机会。如遇到顾客给出中差评，要及时处理，前文已详细讲解，此处不再赘述。

## 8.3.3 客户服务的沟通技巧

网店的客服主要通过即时通信工具以文字形式实现沟通，文字沟通的优点是从容坦然、表达充分，可以给顾客留下好印象。

### 1. 了解客户心理

做好沟通的首要任务就是了解客户心理，激发他们的购买欲望，并在有限的时间内将信息传递给客户。

（1）购买的目的

在与客户最初的接触中，要明确客户的目的。对于各种各样客户的需求，如果不深入了解就难以进行信息交流。因此要在不断的交流中尽快判断、分析顾客属于哪种类型的消费者、是否有购买意向等。

（2）购买期望值

通过信息传递明确客户购买目的后，要分析客户的期望值。当客户期望过高无法满足时，可以尝试使客户降低期望值，或者借助其他补偿，让客户感到客服在全力为他服务，进而博取客户的信任。对于要求不高的客户，可以适当地超越他们的期望值，提高满意度。

### 2. 学会倾听

客户反馈的信息是店铺宝贵的财富，因此，要学会倾听，努力做到：

（1）听清客户想法，理解肯定对方

首先要听清客户讲述的内容，分辨出客户表达的情感需求。同时要明确交流的重点，学会换位思考，站在客户角度理解客户，使客户的情感得到尊重和认可。

（2）适时发表意见，配合适当表情

在倾听过程中，不仅要听，还需要说，如果不给客户反馈信息是很难持续沟通的。可以使用恰当的表情符号给予回应，缩短与客户间的距离。要做到既帮助客户理清思路，又不打断其讲话的热情，从愉快的交流中获取有用的信息。

### 3. 保持礼貌

客服人员的语言是否得体、热情、礼貌、准确，都直接反映客服人员的服务态度。因此，在客户沟通中语言表达起到不可忽视的作用。

（1）保持礼貌和友好，避免敏感话题

客户服务要因人而异，对不同类型的客户要用不同的沟通技巧。有些客户不喜欢开玩笑，就要认真谨慎地对待；有些客户喜欢幽默，就可以表现得更加热情；等等。礼貌、友好是基本要求，表达要有逻辑性，选择共同关心的话题，使双方产生共鸣，切忌提到让客户难堪或敏感的话题。

（2）真诚赞美，拉近客户距离

在沟通时，每个人都渴望得到赞美。适当赞美对方，使客户心里获得满足，会收到意想不到的效果。注意赞美也要把握分寸，注重方法，切忌过分夸大，否则让客户感到心里不舒服，就适得其反了。

## 实战训练

### 网店评价与客服管理

**【实训目的】**

1. 了解评价标准、评价类型和意义。
2. 学会评价及如何更好地赢得好评。
3. 掌握客户服务的有效方法。

【实训内容】

1. 团队合作，模拟一次差评，并对差评作出合理解释。
2. 团队合作，模拟一次电话沟通、一次网络文字沟通。

【实训思考】

1. 为网店好评率的提升提供建议。
2. 提出两条个性化客户服务方法。

# 参考文献

1. 王自豪. 浅析客户服务中的沟通技巧［J］. 中小企业管理与科技（下旬刊），2011（02）：51-52.

2. 史达. 网上创业实务（第二版）［M］. 辽宁：东北财经大学出版社，2013.

3. 葛存山. 电商运营与推广——操作实战+案例分析+策略技巧［M］. 北京：人民邮电出版社，2018.

4. 钱文君. 网上开店［M］. 北京：高等教育出版社，2013.

5. 江礼坤. 网络营销与推广——策略、方法与实战［M］. 北京：人民邮电出版社，2018.

6. 程佳聪. 网店运营实务［M］. 北京：中国人民大学出版社，2020.

7. 宋卫，徐林海. 网店运营实务［M］. 北京：人民邮电出版社，2019.

8. 宋俊骥，孔华. 网店运营实务［M］. 北京：人民邮电出版社，2018.